Alltagsgeschichten

aus dem alten Dresden

<small>ANDREAS THEM</small>

Impressum

© SAXO'Phon GmbH

Alle Rechte vorbehalten. 1. Auflage Juli 2012

Layout Dresdner Verlagshaus Technik GmbH, Antje Madaus

Druck Medienhaus Lißner

Fotos Titel: Der Dresdner Altmarkt 1900. Library of Congress, Prints and Photographs Division, Washington, USA | Seite 10: SLUB/ Deutsche Fotothek | Seite 18: aus der Stadtteilbroschüre „Äußere Neustadt" (Dubbers) | Seite 27: SLUB/Deutsche Fotothek | Seite 83: BSZ für Gastgewerbe Dresden | alle weiteren Fotos und Illustrationen: Sammlung Them

ISBN 978-3-943444-01-8

Inhaltsverzeichnis

Alt-Dresdner Originale

Vorwort

Alltagsgeschichte – das ist die Geschichte hinter den Geschichtsbüchern, den Zahlen, Fakten und gesicherten Quellen. Alles dreht sich so um die Frage, wie Menschen im Alltag lebten und ihr Leben und die Geschichte erlebten.

Als Laienhistoriker bin ich seit Jahren auf der Suche nach Spuren der Vergangenheit, nach Spuren, die Bestand haben, nach Spuren, die im Gedächtnis haften bleiben. Nach den Sammlungen von Kaffeehaus- und Gasthausgeschichten, die beide ebenfalls in der edition Sächsische Zeitung erschienen sind, will ich in dem vorliegenden Büchlein zeigen, was der „gemeine" Bürger gefühlt, wie er gelebt hat, was seinerzeit Stadtgespräch war.

Wie etwa die Sonntagsausflüge der Dresdner nach Pillnitz, um der Königsfamilie beim Speisen zuzuschauen; oder der Schrecken, als 1869 sich die Nachricht verbreitete, das Hoftheater sei abgebrannt.

So ist wieder ein Streifzug durch die Geschichte dieses Zauberortes namens Dresden entstanden. Ein wichtiger Einschnitt im Stadtleben war das frühe 18. Jahrhundert, als die Stadt zu einer Metropole von europäischer Bedeutung aufblühte. Hof und Adel wurden Auftraggeber umfangreicher Bauten und bedeutender kunsthandwerklicher wie künstlerischer Leistungen. So wandelte sich das Leben und das Stadtbild umfassend. Im Schatten der höfischen Gesellschaft war aber auch das Dresdner Bürgertum zu beachtlichen Leistungen fähig. Ein Zusammenspiel, das viele Jahrhunderte Bestand hatte. Der Hintergrund einiger dieser Gegebenheiten wird ausgeleuchtet.

Abgerundet werden die Geschichten mit der Vorstellung einiger Alt-Dresdner Originale. Diese Sonderlinge waren meist „kleine Leute", die oft am Rande des Existenzminimums lebten. Bekannt wurden sie durch ihre eigenwillige Art des Auftretens und ihre Kleidung. Die Spitznamen jener Männer und Frauen standen für deren skurrile Eigenheiten: Peter Groll, Eierhanne, Studentenkaiser …

Vom Dresdner Ratskeller in alter Zeit

Die Spuren des ersten Dresdner Ratskellers lassen sich bis zum Anfang des 15. Jahrhunderts zurückverfolgen. Mit dem Bierausschank beginnt die Geschichte einer der ältesten Gastwirtschaften der Stadt. Neben den brauberechtigten Bürgern, die in einem „geordneten Reihenschank" ihr Bier in den Wohnhäusern ausschenkten, trat nun auch der Stadtrat als Gastwirt auf. Ein kurfürstliches „Privilegium" vom 7. Januar 1460 brachte dem Rat das Monopol, auch fremdes Bier und importierten Wein im „gemeinen Stadtkeller" anzubieten. Ein lukratives Geschäft, wie sich wenige Jahrzehnte später zeigen sollte. Und auch für Ortsunkundige war diese öffentliche Schankstätte schnell zu finden. Schließlich befand sie sich in den Kellergewölben des gotischen Rathauses am Altmarkt.

Der einträgliche Geschäftsbetrieb musste überwacht werden. Zunächst wurde ein Ratsmitglied – auch „Bier- oder Ohmherr" genannt – damit beauftragt. Der reiste auch in die Nachbarstädte um Bier anzukaufen, etwa nach Ortrand, Zschopau, Kamenz, Torgau und Belgern. Zum Angebot gehörte auch das bereits von Martin Luther geschätzte Freiberger Bier. So wurde die beliebte Gastwirtschaft auch bald als „Freiberger Keller" bezeichnet.

Bis zur Mitte des 16. Jahrhunderts scheint der Weinschank keine große Rolle gespielt zu haben. Nun aber erstreckte sich das Angebot auf Beerwein, Wälschwein, Malvasier und „Reinfal", die aus Leipzig, Nürnberg und Freiburg bezogen wurden. Besonders beliebt waren Rheinwein, böhmischer Wein und Tiroler Landwein.

Das von den Ohmchenherren eingekaufte Getränk wurde nach Fässern dem „Schenken" übergeben. Die Abrechnung erfolgte dann so: Die leeren Fässer wurden mit Wasser (Ohmchen) gefüllt, um den Rauminhalt festzustellen. Das war die Rechnungsgrundlage. Ursprünglich wurden dann die leeren Fässer an die Lieferanten zurückgeschickt. Da aber die aus Holz gefertigten Fässer wertvoll waren, gab es im Jahre 1562 eine neue Dienstanweisung für den

Das Alte Rathaus stand an der Nordseite des Altmarkts. 1707 wurde es abgerissen.

Bierherren. Die leeren Fässer mussten unter der Ratsherrlichkeit verteilt werden. Beispielsweise erhielt der regierende Bürgermeister 15, die beiden anderen Bürgermeister und die vier ältesten „sitzenden" Ratsherren je sechs Fässer. Das war neben dem „Sitzgeld" pro Ratssitzung ein schöner Nebenverdienst für die „Stadt-Regierenden". Damals arbeiteten sie ehrenamtlich, oder ihre Tätigkeit wurde nur mit geringem Entgelt entlohnt.

Der Leiter des Ratskellers war der „Schenke". Von den Ratsherren angestellt, erhielt er eine feste jährliche Besoldung von fünf Schock Groschen. Etwas moderner lief es dann nach 1515 ab. Es wurde nun auf Provisionsbasis gearbeitet. Gleichzeitig hatte der „Schenke" in einem Diensteid zu geloben: „mit Bier, Wein und Gelde treulich umzugehen, jedem sein rechtes Maß zu geben und kranken, schwachen Leuten sowie Sechswöchnerinnen keine Neigen oder schalen Getränke zu verabreichen."

Nahezu bescheiden wirkte die Einrichtung des Kellers: Ein paar Tische und Bänke, an denen die Gäste Platz nahmen. Nach einem Inventarverzeichnis aus dem Jahr 1505 wurden lediglich sieben zinnerne Kannen und 20 Kännchen gezählt. Darin wurden Bier oder Wein ausgeschenkt.

Aus einer Bieramtsrechnung von 1526 kann man entnehmen, dass diese mit den Ratswappen gekennzeichnet waren: „3 gr. Dem kannelgyßergeßelln vonn der stadt wapenn uf das gefäße zu stechern zu vortrinckenn gegebenn".

Das auswärtige Bier wurde sehr teuer verkauft. Nicht jeder Dresdner Bürger oder Fremde in der Stadt konnte sich einen Besuch im Ratskeller leisten. Doch steigender Wohlstand und Genusssucht sorgten für wachsenden Umsatz. Wurden im Jahre 1464 im Ratskeller 247 Bierfässer verkauft, waren es 1523 schon 311. Die Ratsherren waren zufrieden: Im Jahre 1550 machte der Gewinn fast ein Viertel der städtischen Einnahmen aus.

Drastisch änderte sich das nach 1569. Das Privileg des Ratskellers zum alleinigen Ausschank fremden Weines und Biers fiel teilweise. Diese Verluste konnte auch nicht die Errichtung eines zweiten Stadtkellers im neuen Gewandhaus am Neumarkt („Neumarktkeller") ausgleichen. Abhilfe erhoffte sich der Rat, als er ab 1615 beide Keller zu einem festen wöchentlichen Zins von zehn Gulden verpachtete. Weiterhin hatten die Pächter den „Ratsherren" leere Fässer zu liefern. Für den „regierenden Bürgermeister" war außerdem ein „Jahrgeld von 30 Gulden" zu zahlen. Seine beiden Stellvertreter erhielten jährlich je „ein Fass guten Bieres".

Der Besuch im Rathauskeller unterlag schon damals strenger Regeln. Zum Beispiel verbot der Rat jede weibliche Bedienung. So wurde dem Schenken Hans Bereuter bei seiner Anstellung auferlegt, dass „seine Dirne im Keller nichts solle zu schaffen haben". Bei Verstoß drohte Entlassung. Schankknechte bedienten die zahlreichen Gäste. Lärmen und Singen, Streitigkeiten oder gar Raufereien mit der Waffe waren verboten. Wer zum Messer oder Degen griff, hatte mit einer drakonischen Strafe zu rechnen: die „frevelnde Hand" wurde abgehauen.

1597 wurde die Kellerordnung noch verschärft. Die Gäste wurden verpflichtet, bei der Festnahme der Ruhestörer und Hausfriedensbrecher behilflich zu sein. Gäste, die mutwillig Geschirr zerschlugen, hatten den Schaden zu ersetzen. Ebenso diejenigen, die den Brauch pflegten, „in die Tische und Bänke ihre Namen, Reime oder unziemliche Gemälde zu schneiden oder zu kritzeln". Weiter wurde festgelegt, dass sofort zu zahlen war, wenn die Getränke und Speisen auf dem Tisch standen. Karten- und Würfelspiele waren noch gestattet.

Weitere zwanzig Jahre später wurde diese Kellerordnung gedruckt an die Wände gehängt. Es war nur ein neuer Absatz hinzugefügt worden, in dem davor gewarnt wurde, sich an diesem Plakat zu vergreifen, es zu zerschneiden oder unkenntlich zu machen. Wer es trotzdem wagte, hatte mit einer Gefängnisstrafe von vier Wochen bei Wasser und Brot zu rechnen.

Die Geschichte der ersten öffentlichen Schankstätte lässt sich bis zu den Zeiten Augusts des Starken zurückverfolgen. Was seinen Vorgängern nicht gelang, setzte er letztendlich im Jahre 1709 durch. Er befahl den örtlichen Ratsherren den Abbruch des alten Rathauses auf dem Altmarkt. Einwände wegen eines fehlenden Ersatzes für das Verwaltungsgebäude ließ er nicht mehr gelten. Ihm waren seine Pläne wichtiger, den Altmarkt zu einem repräsentativen Festplatz zu vergrößern. Wohl kaum einer ahnte, dass die Dresdner dann über zweihundert Jahre warten mussten, bis es auch in der Altstadt wieder einen Ratskeller gab.

Eine „Nachtpolizei" sorgte im Mittelalter für Zucht und Ordnung

Die Deutschen waren bereits im Mittelalter stark dem Branntwein und dem Bier zugetan. Und auch die Neigung, nach eifrigem Alkoholgenuss gewalttätig zu werden, war schon ausgeprägt. So war es in den Anfangsjahren der Stadt Dresden mit der Nachtruhe nicht zum Besten bestellt. Harmlos waren da noch lautes Geschrei, Trommeln oder Pfeifen. Eine Steigerung des groben Unfugs fand seine Fortsetzung im „Wegwerfen und Umwerfen der auf den Gassen stehenden Wagen, Umstoßen von Buden" oder „Zerschlagen von Fässern". Weiterhin berichtet Otto Richter in seiner Betrachtung über das Leben im Dresden des Mittelalters, dass besonders übermütig gewordene Handwerksgesellen beim „Abhauen der aushängenden Handwerkszeichen" großen Spaß empfanden. Besonders zu leiden hatten darunter die ortsansässigen Schneidermeister. Deren Zunftzeichen – die „Schneiderscheeren" – hatte es den Übermütigen besonders angetan.

So führte der „Rath zu Anfang der sechziger Jahre des 15. Jahrhunderts" eine „Polizeistunde" ein. Jene war in den Sommermonaten auf neun Uhr abends festgelegt. Im Winter durfte bereits eine Stunde früher kein Bier mehr an die Gäste ausgeschenkt werden. Die Gastwirte waren angehalten, mit einer „Bierglocke" den Ausschankschluss anzukündigen. Wollten durstige Gäste dies nicht akzeptieren, wurden sie auf die strengen „Regulative" des Landesherrn hingewiesen. Die sahen vor, dass bei Zuwiderhandlungen nicht nur der Wirt, sondern auch der uneinsichtige Gast bestraft wurde.

Doch wurden diese strengen Regelungen mehr und mehr unterlaufen. So sah sich Herzog Georg im Jahre 1504 gezwungen, die „Regulative" zu verschärfen. Strafbar machte sich jetzt schon, „wer Sonn= und Feiertags während des Gottesdienstes das Wirthshaus besuchte". Und die Arbeiter und Dienstboten wurden noch einmal nachhaltig darin erinnert, dass ihnen bereits in der Landesordnung aus dem Jahre 1482 „alles Zechen an Werktagen verboten" sei. Das führte aber dazu, dass an den freien Sonntagen um so mehr gezecht wurde. Bier- und Branntweinschenken hatten Hochkonjunktur.

Doch alle Verbote nutzen nichts, wenn deren Einhaltung nicht kontrolliert wird. Aus diesem Grund wurden im Jahre 1513 vier Nachtwächter eingestellt. Erste „Instructionen" für den neuen Berufsstand legten die Arbeitszeiten fest. Der Dienst begann meist um zehn Uhr abends. In den Wintermonaten hatte der Nachtwächter bis fünf Uhr morgens durch die Gassen zu patrouillieren. Im Frühling und Herbst konnte er seine Arbeit bereits eine Stunde früher beenden. Und von Anfang Mai bis Ende August war bereits um drei Uhr morgens Feierabend.

Aus dem Ende des 18. Jahrhunderts ist ein Dokument erhalten, in dem die Aufgaben eines Nachtwächters genau beschrieben sind. So sollte er „in dem angewiesenen Quartier alle Gassen, besonders auch die kleineren und abgelegenen Gäßchen und Winkel, alle Stunden durchgehen und nachsehen" ob keine Gefahr drohte. Besonders wurde den Nachtwächtern nahegelegt, nicht zu festen Zeiten an einem Ort zu erscheinen.

Drei Absätze beschäftigten sich mit der Verhinderung nächtlicher Ruhestörungen.

5.) „Bey dem Umgang selbst hat auf alle verdächtige und zur Nachtzeit, auf den Gassen sich findende Personen und besonders auf diejenigen, die etwas tragen, oder auf den Gassen ohne Beschäftigung herum gehen, oder in ungewöhnlicher Kleidung, oder bey ungebührlichen und strafbaren Handlungen sich betreten lassen, die genauest=Acht zu haben, sie um die Ursachen, aus welchen sie auszugehen bewogen werden, zu befragen, und, wenn einiger Verdacht entstehet, selbige, allenfalls mit Hülfe der Patrouillen und Schildwachen, in Verwahrung zu bringen.

6.) Wenn er nach 10. Uhr des Abends, eine Haus= oder Gewölben=Thüre offen findet, so soll er den Wirth oder Hausmann herbeyrufen und solche sogleich verschließen lassen. Auch soll er besonders bey den hohen Festen, zu Fastnachten, und in solchen Nächten, während welchen bey Hofe oder in der Stadt öffentliche Lustbarkeiten gehalten werden, ob die Hausthüren offen stehen, fleißig nachsehen, und die Haumänner oder Wirthe der offenen stehendem Häuser, zu deren Verschließung veranlassen.

7.) Sollte sich in einem Hause ein Geräusch, Gezänke, oder sonst was verdächtiges verspühren lassen, so hat er sich zu bemühen, die Ursache zu erfahren und, wenn nicht Ruhe erfolgt, oder der Verdacht sich vermehret, unter dem Rathhause, oder in den Vorstädten den Gerichten solches in aller Stille bekannt zu machen, damit fernere Verfügung getroffen werden könne."

Gleichzeitig galt es aber auch verheerende Stadtbrände zu verhindern. Genaue Anweisungen waren festgelegt.

8.) „… Vorzüglich soll er auf Feuer und Licht genau aufmerken, und wenn er in einem Hause Rauch verspühret oder starkes Licht zu ungewöhnlicher Zeit, gewahr wird, an die Hausthüre anschlagen und es dem Hausmann oder Wirth, anzeigen, damit die Ursache weiter untersucht und fernern Unglück in Zeiten vorgebeugt werden könne.

Sollte er aber

9.) wahrnehmen, daß es wirklich in einem Hause brenne, so hat er zuförderst die Bewohner des Hauses und Nachbarn zu wecken, in das Horn zu stossen und zugleich unter dem Rathhause, auch bey den nächsten Wachen zu Meldung zu thun, damit alsbald die nöthigen Veranstaltungen getroffen und Lerm geschlagen werden könne."

Aber auch für den nächtlichen Tierschutz war er zuständig. So sollte der Nachtwächter bei seinen nächtlichen Rundgängen „auf den Gassen und solche mit sich in die Wacht nehmen oder in die kleine Wohnung nehmen". Am nächsten Morgen waren sie in der „Meisterey" zu schaffen. Der Nachrichter stellte ihm eine Bescheinigung aus und „gegen deren Vorzeigung ihm auf dem Rathhause für jeden eingebrachten Hund acht Groschen zur Belohnung bezahlt werden sollen".

Diese umfangreichen Kontrollfunktionen bedurften der Hilfe von „Beywächtern". Den Dresdner Nachtwächtern blieb es selbst überlassen, ob sie Hilfskräfte engagierten. Auch dem „Rath zu Dresden" schätzte es zwar „alles gemeinschaftlich beobachten", wies aber gleichzeitig ihre vereidigten Nachtwächter an, dass nur er „das Blasen mit dem Horn und das Absingen" allein zu verrichten hatte. Weitere verfeinerte Dienstanweisungen lassen sich für den Berufsstand Nachtwächter bis in die Mitte des 19. Jahrhunderts verfolgen.

Am 1. Februar 1852 gründete sich das „neue Nachtwächterinstitut". Das gesamte Stadtgebiet wurde in „44 Distrikte eingetheilt, welche zusammen 3 Bezirke oder sogen. ‚Visitationen', mit je einer Wachstube bildeten." Jene befanden sich in einer provisorisch eingerichteten Wache im Haus Amalienstraße 1, im Neustädter Rathaus sowie im alten Stadtkrankenhaus.

Eine alte Chronik berichtet über die Organisation dieser neuen Einrichtung:

„Sechs Oberwachtmeister hatten sämtliche Diskrete und die darin angestellten 88 Nachtwächter zu überwachen. Außerdem waren noch 12 Reservenachtwächter designiert. Jeder Nachtwächter hatte ein Horn zum Feuersignal, ein kleines Hörnchen zum Hilferuf und einen tüchtigen Stock zu führen. Die Oberwachtmeister bedienten sich zum Sammeln der Wächter mit Signalpfeifen."

Auch die Frage damaliger jährlicher Besoldung ist überliefert. Die Obernachtmeister hatten ein Jahresgehalt von 150 Talern. Der Lohn ihnen unterstellter Stadtwächter wurde wöchentlich mit zwei Talern berechnet. So kamen sie, auf das Jahr gerechnet, auf ca. 104 Taler. Ihre Uniformen (Mütze, Wachtrock und Stiefel) wurden kostenlos für zwei Jahre gestellt. Eine zusätzliche Zahlung von „2 Thalern" sollte zur Pflege der Kleidung dienen.

Mit ihrer Arbeit werden sie in den kommenden Jahrzehnten die „Stadtgendarmerie" und später die „Königliche Polizeidirektion" unterstützen. Erst in den Jahren 1896/97 verschwand in Dresden die Berufsbezeichnung „Nachtwächter". Neu ausgebildete Polizisten übernahmen die Aufgaben des alten Berufsstandes.

Als auf dem Marktplatz die Köpfe rollten

Eiserne Nerven, gewaltige Körperkraft und „blutige Rohheit" waren für den Beruf des Henkers unabdingbar. „Wie überall, war auch in Dresden diese Person von den geheimnisvollen Schauern der Scharfrichterromantik umweht. Das Gewerbe des Henkers war missachtet, seine Person gesellschaftlich verfehmt, man fürchtete ihn und wich ihm öffentlich aus." Dem „Gevatter Henker" unterstanden im Mittelalter bis zu „40 Folter- und Stockknechte". Jene hatten „das Peinigen und Martern verurteilter Sünder zu besorgen".

Waren die Henker tagsüber nur ungern gesehen, konnten sie sich des Nachts über heimlichen nächtlichen Besuch nicht beklagen. Festgewurzelter Aberglaube bestimmte das Leben bis in die höchsten Gesellschaftskreise. Und dies führte dazu, dass Relikte der zum Tode Gebrachten sehr begehrt waren. Fingernägel, Zähne, aber meist eine Haarlocke – am besten in einen Amulett verarbeitet – wurden für teures Geld gekauft. Dies sollte vor persönlichem Unglück und „Verwünschungen" schützen. Der Scharfrichter war mit diesem Handel so gut im Geschäft, dass er sich sogar ein Rittergut kaufen konnte. Natürlich nicht unter seinem Namen. Er musste einen Strohmann einschalten.

Immer wieder gab es Streitigkeiten über den Standort der Hinrichtungsstätte. Bis zum späten Mittelalter befand er sich in der Wilsdruffer Vorstadt. Das Areal hieß im Volksmund „Rabenstein", das später zum Stiftsplatz umbenannt wurde. Hier agierte zu Zeiten von Kurfürst „Vater August", der von 1553 bis 1586 regierte, der Scharfrichter Caspar Claus. Chronisten beschreiben ihn als stattlichen Mann mit finsterem Gesichte. Ein Vollbart verstärkte diesen Eindruck. Bei seinen Amtshandlungen trug er das mittelalterliche Rüstzeug eines Henkers. Dazu gehörten auch der wallende rote Mantel und das über der Schulter getragene mächtige Richtschwert.

Öffentliche Hinrichtungen glichen damals einem inszenierten Schauspiel. Während die Akteure nach streng festgelegten Regeln

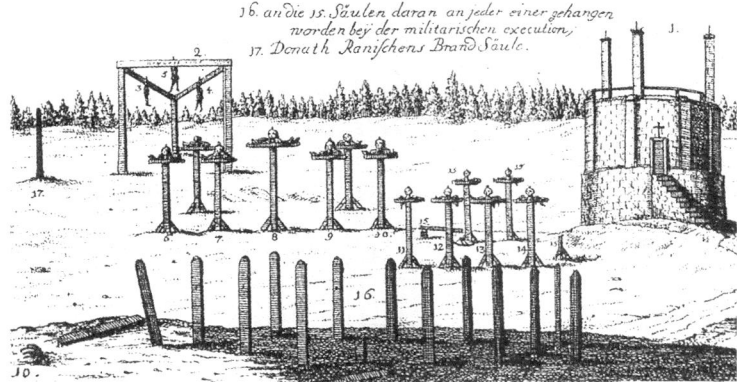

Am 8. März 1715 wird der Räuberhauptmann Lips Tullian auf dem Hochgericht vor dem Schwarzen Tor mit vier seiner Spießgesellen geköpft und aufs Rad geflochten.

den zum Tode Verurteilten zum Schafott führten, hatte sich schon längst eine stattliche Anzahl von Zuschauern eingefunden. Murmelnde Mönche sprachen fromme Gebete und „dazwischen viel Volk, hoch und niedrig, zu Fuß, zu Roß und zu Wagen". Der Lärm verstummte jäh beim Anblick des Scharfrichters. Man stieß sich gegenseitig an und warf ängstliche Blicke zu dem unheimlichen Mann. Dumpfe Trommeltöne kündigten die Urteilsvollstreckung an. Mit einem zielsicheren Schwerthieb wurde dann der Verurteilte vom Leben in den Tod befördert.

Wahrscheinlich entstand um 1562 vor dem Schwarzen Tor (Albertplatz), etwa Ecke Königsbrücker und Louisenstraße eine weitere Hinrichtungsstätte. Bis zum Jahr 1732 waltete hier „auf dem Sande" der Henker seines Amtes. Hier stand der „Hohe Galgen". Oft wurden die verhängten Todesurteile mit Zusatzbestimmungen der Richter verschärft. So wurde durchaus verfügt, dass zur Abschreckung die Leiche so lange hängen bleiben sollte, bis sie selber abfiel. Bestialischer Verwesungsgeruch war die Folge.

In Vergessenheit geraten ist, dass es auch einen Galgen „auf dem Neumarkt vor der Frauenkirche" gab. Hauptsächlich dienten hier das „Narrenhäusel" und der „hölzerne Esel" als Strafinstrumente. Verurteilte Sünder wurden der öffentlichen Demütigung ausgesetzt. Sie kamen mit dem Leben davon. Vermutlich nur einmal diente der Dresdner Neumarkt auch als Hinrichtungsstätte. Es war am 9. Oktober 1601, als der bis zum kursächsischen Kanzler aufgestiegene Dr. Nikolaus Krell seinen letzten Weg gehen musste. Sein Ziel war es gewesen, die absolutistische Herrschaft des Königshauses zu stärken, gleichzeitig aber den Einfluss der hohen Geistlichkeit und des Landadels zu schwächen. Seine Regierungspolitik verschaffte ihm zahlreiche Feinde. Der Streit eskalierte letztendlich in seinem Vorschlag, auch dem aufstrebenden Bürgertum mehr Mitspracherecht zu geben. Theologische Auslegungen führten letztendlich zu seiner Absetzung und anschließender Haft auf der Festung Königstein. Fünf Jahre vergingen, ehe die Anschuldigungen auch vor Gericht verhandelt wurden. Trotz Fürsprachen anderer deutscher Fürsten stand das Todesurteil schon längst fest. So wurde ein ehemals hoch angesehener Staatsmann auf dem Neumarkt hingerichtet. Der Straßenpflasterstein mit der Gravur „Kr." erinnert seit Jahrhunderten an das Geschehen.

Zu Zeiten Augusts des Starken verrichteten „Gevatter Nickel" und später sein Sohn Franz Dienst als Henker. Von dessen außergewöhnlichen Kräften soll er den Kurfürsten bereits im Zeithainer Lustlager überzeugt haben. Dieses „Große Campement" war eine grandiose Truppenschau, verbunden mit der Darstellung königlicher Pracht, die vom 31. Mai bis zum 28. Juni 1730 unweit der Städte Riesa und Großenhain zwischen den Gemeinden Zeithain, Glaubitz und Streumen in der Nähe der sächsisch-brandenburgischen Landesgrenze stattfand. Hier hatte der Henker jun. mit einem einzigen Fausthieb einen starken hölzernen Tisch entzweigeschlagen. Für diese Leistung wurde er mit „drei Krügen Malvasier=Wein" belohnt. Ohne Probleme leerte er diese drei Krüge in kürzester Zeit aus. Über fehlende Arbeit konnten sich die Henker nicht beklagen. So wurde im August 1726 der Galgen „auf den Sand" und ein Jahr später jener auf dem Neumarkt erneuert.

Eine solche Neuerrichtung unterlag strengen protokollarischen Regeln. „So versammelte sich das hiesige Zimmerhandwerk im Zimmerhof, beyn Salzhause". Dieses Gebäude gab der heutigen Salzgasse seinen Namen. Den ganzen Tag wurde am neuen Galgen gearbeitet. Um sechs Uhr abends wurde er in einen feierlichen Zug zum nahe liegenden Neumarkt gebracht. Festungsgefangene hatten das neue Henkersgerüst aufzustellen.

In Erinnerung blieben natürlich die Hinrichtungen besonders berüchtigter Straftäter. So wurde zum Beispiel im Jahre 1715 der Räuberhauptmann Lips Tullian zum Tode befördert. Gemeinsam mit vier seiner Helfer richtete man ihn „auf dem Sande". Auch die letzten Stunden seines Lebens werden von zahlreichen Zeitchronisten mit Legenden umsponnen. So soll er die Mitglieder seiner Räuberbande zu freiwilligen Geständnissen bewegt haben. In Erwartung der Vollstreckung des Todesurteils ließ er sich „ein besonders weiß cannfassen Sterbe=Kleid" machen". Seine Strafe wurde verschärft, indem er zunächst das Sterben seiner treuen Kameraden ansehen musste. Neben dem Galgen hatte man ein Holzgerüst „von etzlichen 30 Staffeln hoch" errichten lassen. Hier schlug man seinen treuen Freunden mittels Richtschwert die Köpfe ab. Danach wurden die Körper von den Gesellen des Scharfrichters auf das Rad geflochten. Die Hoffnung, nach diesem grausigen Schauspiel einen gebrochenen Räuberhauptmann auf seinem letzten Gang beobachten zu können, erfüllte sich für die zahlreichen Schaulustigen nicht. Es wurde überliefert, dass er „recht freudig zu seinem Tode ging und nicht die geringste Traurigkeit spüren ließ, sich auch sehr devot bewies."

Ein so hilfreiches Entgegenkommen eines Todeskandidaten war am 30. Oktober 1721 nicht zu erwarten. Ein ehemals in schwedischen Diensten stehender Oberstleutnant namens Johann Koch von Güldenstein war als Räuber und Mörder überführt worden. Bis zum bitteren Ende spielte er den „wilden Mann". Zahlreiche Priester ließ er kurz vor seinem letzten Gang kommen, doch nur um sie zu verspotten. Am Tage seiner Exekution wollte er nicht gehen. So wurde er von seinen Aufsehern, an Händen und Füßen gefesselt, in einem Korb in ein Lazarett hinter den Rabenstein getragen. Der untersuchende Arzt konnte keine Krankheit feststellen und ordnete die weitere Beförderung – auf einem Stuhl festgebunden – zur Hinrichtungsstätte an. Die Henkersknechte hatten die nächsten schweren Aufgaben zu bewältigen. Hände und Füße mussten sie neu fesseln, obwohl sich der Todeskandidat aus Leibeskräften wehrte. Und auch dem Scharfrichter machte er die Arbeit nicht leicht. Ständig drehte und wendete er den Kopf und es dauerte seine Zeit, bis der tödliche Hieb gelingen konnte.

Weitaus emotionaler wurde in Dresden die Hinrichtung von Franz Laubler auf dem Dresdner Altmarkt verfolgt. Die Vorgeschichte begann in den Mittagsstunden des 21. Mai 1726. Laubler schwankte schon seit einigen Jahren zwischen dem katholischen und protestantischen Glauben. Das verwirrte ihn zusehends. So drang er in die Wohnung von Magister Hahn ein, der als Mittagsprediger an der Kreuzkirche ein angesehener Mann war. Er fesselte den Kirchenmann und „schlachtete ihn mit einem großen Messer geradezu ab". Freunde, denen er von dieser Tat erzählte, veranlassten seine sofortige Festnahme. In der Stadt wurden Angriffe auf Dresdner Katholiken befürchtet. Es blieb aber bei allen Streitigkeiten verhältnismäßig ruhig. Denn solche radikalen Einzelaktionen wurden im Religionsstreit von keiner Seite geduldet. Um die erregte Stadtbevölkerung zu beruhigen und auch Folgetäter abzuschrecken, fand die Verurteilung auf dem Dresdner Altmarkt bereits zwei Monate später statt. Ein Chronist berichtet: „Unter riesiger Teilnahme war am 18. Juli die Hinrichtung Laublers. Da man es hier ja mit einem besonders schaurigen Falle zu tun hatte, schlug man auf dem Altmarkt ein Gerüst auf. Zur Aufrechterhaltung der Ordnung beorderte man 600 Mann Bürgergarde, denen noch mehr als 1000 Mann Militär zugesellt wurden. Bereits früh 1 Uhr holte man den Verurteilten aus seinem Gefängnis ab, erst um 9 Uhr aber wurde er vor die Schranken des Gerichts gestellt. Die Verlesung des Urteils dauerte eine halbe Stunde lang, dann brach der Richter das Stäblein und übergab ihn dem Nachrichter.

Seine Hinrichtung erfolgte noch nach altertümlicher Art, weder durch Schwert noch durch den Strang, sondern durch das Rad, und zwar wurde er von oben nach unten gerädert, also auf barmherzige

Art, denn man gab ihn so die Stöße mit dem messerbesetzten Rad erst oben, stieß ihn so das Genick ab, dann brach man noch die Arme und Beine.

Schließlich wurde der Leichnam auf eine Schleife geladen und durch die ganze Stadt auf den Sand gezerrt, wo er zum warnenden Exempel auf ein besonders hohes Rad geflochten wurde".

Im Jahre 1732 – dem Todesjahre von August dem Starken – war wiederum eine Neuaufstellung eines Galgens „auf dem Sande" erforderlich. „Von diesen neuen Galgen weiß man, daß er drei Säulen besaß, man henkte so gesondert die Stadtmagistrats=Deliquenten, die Amts= und die Hofdiebe". Selbst im Tod gab es Rangabstufungen.

Außerordentlich hart waren die Strafen für Brandstifter. Insbesondere wenn sie als Dienstboten tätig waren und aus Rache Feuer in den Häusern ihrer Arbeitgeber legten. Oft wurden auch sie zum Tode verurteilt und ihre Leichen danach auf einem Scheiterhaufen verbrannt. Dieses Schicksal ereilte auch einen Stallkehrjungen, der mehrfach „Feuer im Schloß angelegt hatte". Den Taten überführt, hatte er sich vor den Schranken des erbauten Gerichts auf dem Altmarkt zu verantworten. Das Urteil stand schon längst fest, das er sich „im weißen Sterbehemde anhören" musste. Nach der Urteilsverkündung wurde er „unter Zulauf vieler tausend Menschen" auf den Sand vor dem Schwarzen Tor gebracht. Dass sich ein „großes schaulustiges Publikum" versammelte, wird wohl an dem „ungemein angenehm Wetter" gelegen haben, berichtet ein Zeitzeuge. Ein Scheiterhaufen war für ihn bereits gerichtet. Als er sein Haupt durch das zielsichere Schwert durch den Scharfrichter verloren hatte, gehörte es zu den Aufgaben seiner Henkersknechte, seine Leiche in den Flammen zu verbrennen.

Relativ unbekannt ist, dass es an der Dresdner Heide, „unweit des Diebsteges über den Prießnitzbach, neben dem Wege, nach dem Fischhaus zu", eine weitere Hinrichtungsstätte gab. Der freie Platz wurde insbesondere „wegen des schönen Ausblicks über die ganze Stadt besonders empfohlen".

Friedrich August II., der Sohn Augusts des Starken, machte so manche Entscheidung seines Vaters rückgängig. So verschwand um 1737 auch der Galgen auf dem Tatzberg im Blasewitzer Tännicht. Der neue Kurfürst und König von Polen wünschte es nicht, bei seinen Reisen in die Lausitz und nach Polen diesem ekelhaften Geruch ausgesetzt zu werden. Er beauftrage seinen allmächtigen Kabinettsminister Graf Brühl, den neuen Galgen vor dem Wilsdruffer Tor, „ohnweit der Meisterey" zu errichten.

Es begann ein erbitterter Streit mit den königlichen Behörden um den neuen Standort. Am heftigsten protestierte der amtierende Scharfrichter Polster. So würde zukünftig die Luft – je nach Windrichtung – von drei Seiten übel riechen. Von der neuen Richtstätte („der Geruch von menschlichen Kadavern ist ungleich vehementer und unleidlicher als vom Vieh") oder vom naheliegenden Holzhof, wo er das Fleisch für das Fressen der Hunde des königlichen Hofes lagerte oder aber vom naheliegenden Schinderbusch, wo seit dem Bestehen der „Meisterey" tote Tierkadaver gelagert würden, da die Abdeckerei zu dem Nebenerwerb der Dresdner Scharfrichter gehörte. Seine Gehilfen hätten ihm schon angekündigt, dass sie ihren Dienst aufkündigen würden, sollte eine solche Richtstätte nahe der „Meisterey" entstehen.

Unterstützung fand der Scharfrichter bei den Gemeindevertretern des Dorfes Löbtau. Jene befürchteten, den guten Ruf des Ortes zu verlieren. Die Besitzer der benachbarten Felder hatten bei den zu erwartenden Menschenansammlungen große Angst davor, dass ein großer Teil ihrer Ernte „zertreten wird". „Auch müssten ihre schwangeren Ehefrauen an dem Anblick Schaden nehmen" und „Gesinde würde weggetrieben und Gestank Krankheiten im Dorfe erzeugen". Aber auch das Trinkwasser könnte verseucht werden, was wieder Auswirkungen auf die Bewohner der naheliegenden sächsischen Residenzhauptstadt haben könnte.

Fast drei Jahre wurde gestritten. Letztendlich setzte sich der allmächtige sächsische Kabinettsminister Graf Brühl gegenüber seinen Widersachern durch. Mit dem alters üblichen Zeremoniell hielt am 21. August 1740 „die Dresdner Feim- und Richtstätte ihren Einzug auf Löbtauer Flur".

Dreizehn Jahre lang hielt der Galgen. Inzwischen hatte bereits Polsters Sohn das Scharfrichteramt übernommen. Er beanstandete schon seit längerer Zeit, dass der Galgen: „unten herum dergestalt faul und morsch worden, dass keine Exekutionen daran geschehen können". Der nachhaltigen Bitte nach dem Aufbau eines neuen Galgens wurde von dem städtischen Entscheidungsträger entsprochen. Am 25. April 1753 wurde das alte Balkengerüst abgetragen. Zwei Tage später war der neue Galgen fertiggestellt. Die Einweihung erfolgte nach gleichem Protokoll. Ein Zeitzeuge erwähnt, dass außer den zahlreichen Neugierigen aus dem Volk „14 Zimmerleute, 350 Zimmergesellen, 28 Meister der Hufschmiede und 45 dergleichen Gesellen" beim Festaufzug gezählt wurden. Städtische Amtsträger und die zahlreichen Wachmannschaften liefen unter der Rubrik „wie sonst". Öffentliche Hinrichtungen wurden vom Freitag auf den Dienstag verlegt.

Von 1815 bis zum Jahre 1830 war „der rote Herkules" Dresdens Scharfrichter. Das Kurfürstentum Sachsen unterstand in den ersten Jahren seiner Tätigkeit russischer Generalverwaltung. So wurde auch ein treuer Landsmann mit dieser Aufgabe betraut. Gerade in der Zeit nach den Befreiungskriegen wurden zahlreiche schwere Straftaten verübt. Dem folgten auch zur Abschreckung groß inszenierte Hinrichtungen. Die zahlreichen Zuschauer erschreckte schon seine Körpergestalt. Als wahrer Riese wurde er beschrieben. „Sein breiter Schädel und sein Gesichtsausdruck glich einer Bulldogge" verraten ängstliche Zeitzeugen. Etwas mutigere Beobachter machten sich über ihn, in einem roten Wams gekleidet und mit dem viel zu kleinen Käppchen, das ihm fast in seinen Stiernacken hinabrutschte, – lustig. Doch spätestens als er dann seines Amtes waltete, verstummten sie. Er richtete auch am 12. April 1821 den Kanonier Kaltofen hin, welcher seinerzeit bei einem Raubzug den bekannten Dresdner Maler Gerhard von Kügelgen in der Nähe des heutigen Waldschlösschens ermordete. Ein Gedenkstein erinnert noch heute an den Ort des Geschehens. Großer kriminalistischer Aufwand wurde damals betrieben, um den wahren Täter zu überführen. Örtliche Zeitungen, Flugblätter und auch durch Mundpropaganda informierte sich die Dresdner Bevölkerung über diesen Kriminalfall. Die anschließende Zeremonie der Hinrichtung wurde in vielen zeitgenössischen Dokumenten beschrieben.

Sein Nachfolger im Scharfrichteramt war ein Böhme namens Husler, der im Dresdner Volksmund auch „Kopf=Kürzer=Professor" genannt wurde. In Erinnerung blieb die Enthauptung dreier Mordgesellen, die am 13. April 1834 „ein adliges Fräulein mit ihrer Gesellschafterin" in einem Haus am Jüdenhof grausam getötet hatten. Anderthalb Jahre später mussten sie für ihre Tat büßen. In einem Henkerskarren wurden die drei Mörder zum Hinrichtungsort gefahren. Fünf Bataillone der Kommunalgarde und Angehörige der Bürgergendarmerie mussten den Richtplatz im Karree absperren. Seinen Spitznamen erhielt er durch seine schnelle präzise Arbeit. Mit einem scharfen Hieb trennte er den Kopf vom Rumpf. Seinem großen Vorbild folgend – den berühmten Pariser Henker Samson – wurde er sofort aufgehoben und der zuschauenden Volksmenge gezeigt.

Auch der berühmte Romantiker Ludwig Tieck weilte einmal unter den Zuschauern. Nach seinen Eindrücken befragt, soll er sinngemäß geantwortet haben, dass „er wochenlang kein rohes Fleisch mehr sehen, geschweige gar essen konnte".

Öffentliche Hinrichtungen hatten weiterhin Volksfestcharakter. Unter den vielen schaulustigen Besuchern befanden sich zahlreiche Angehörige des aufstrebenden Bürgertums. Darunter auch viele zartbesaitete Damen, welche dieses Gruselspektakel nicht versäumen wollten. Hochkonjunktur für fliegende Händler, welche mit wohlriechenden Salzen handelten. So konnte man manchem Ohnmachtsanfall vorbeugen.

Bereits in den 1840er-Jahren gab es viele Proteste gegen die öffentlichen Hinrichtungen und insbesondere die Zurschaustellung der Leichenteile. Dies sei schon lange nicht mehr zeitgemäß, verursachte Seuchengefahr und behinderte die weitere Entwicklung der Stadt.

Die letzte öffentliche Hinrichtung mit dem Schwert fand in Dresden am 11. September 1852 statt. In einer alten Tageschronik heißt es dazu: „Heute morgen gegen ½ 7 Uhr wurde außerhalb der Stadt in der Nähe der Königsbrücker Straße gelegener Platz die Kindesmörderin Rehn durch das Schwert öffentlich enthauptet. Die Deliquentin, welche die vorige Nacht im Neustädter Rathause untergebracht worden war, wurde auf ihrem letzten Gange von den Herren Diakonus Steinert begleitet und bestieg physisch sehr erschöpft, das Schafott. Die Exekution wurde vom Scharfrichter Fritzsche vollzogen, leider stand demselben hierbei sein bisheriges Glück (es war seine 27. Hinrichtung) nicht zur Seite, in dem der erste Streich, obwohl absolut tödlich, das Haupt nicht völlig vom Halse trennte. Der Scharfrichter führte 3 Streiche, ehe der Kopf fiel. Auf dem Richtplatze waren 2 Bat. Infanterie und 1 Schwadron Kavallerie aufgestellt. Das sehr zahlreich anwesende Publikum verhielt sich angemessen und vollständig ruhig. Der Rehn, am 2. Februar 1822 zu Markersbach geboren, hatte ihr jüngstes unehelich geborene Kind, ein Mädchen von 2 Jahren, 4 Monaten, Namens Amalie Auguste Müller, am Abend des 4. Mai kopfüber durch die Brille des Abtrittes in die Jauchengrube des von ihr im Elbgäßchen bewohnten Hause Nr. 1 gestürzt und dessen Tod verursacht. Zu der grausigen That wurde die Mörderin durch den Umstand bewogen, daß ihr das Kind im Hinblick auf eine beabsichtigte Verheiratung hinderlich erschien."

Im Dezember 1852 ordnete dann das Justizministerium die „Einführung des Fallschwertes" an. Der Dresdner Mechaniker Kleber hatte sie „nach einem in Paris gefertigten Modelle erbaut". Mehrere Tage war es zur Besichtigung in seinem Garten ausgestellt. Einen Monat später kam es dann zum ersten Mal in Chemnitz zum Einsatz. Öffentliche Hinrichtungszeremonien gab es in der sächsischen Landeshauptstadt nicht mehr.

Chaisenträger halfen den Fußlahmen und Bequemen

Faule, Fußlahme, Vornehme und solche, die sich dafür halten, gab es schon immer. Deshalb war eine gute Personenbeförderung schon seit vielen Jahrhunderten ein lukratives Geschäft. Lediglich die Transportmittel änderten sich häufig. Zu Beginn des 18. Jahrhunderts wurden die „Portechaisen" modern. Dies ist die sächsische Umschreibung für eine Sänfte. Aus dem Orient stammend, wurde der offene tragbare Sessel an den europäischen Fürstenhöfen verbessert. Eine „Portechaise" war ein mannshoher Kasten, in dem

Bis weit in die 1930er-Jahre sorgten schulterkräftige Chaisenträger für besonders sanfte Fortbewegung.

sich ein gepolsterter Sitz befand. Eine Eingangstür an der Vorderseite ermöglichte den Zugang. Links und rechts boten Fenster einen Ausblick auf die Sehenswürdigkeiten Dresdens und das Alltagsleben. Wollte man selbst nicht gesehen werden, zog man Vorhänge vor die Fenster.

Diese neue Dienstleistung in der sächsischen Residenzhauptstadt fand rasch Zustimmung bei dem damals regierenden Kurfürsten August dem Starken. Er gab seine Zustimmung, dass 1705 ein Dresdner Ratsherr die erste „Portechaisenträger-Anstalt" eröffnen durfte. Dessen anfänglicher „Fuhrpark" bestand aus „vier Chaisen und acht Trägern". Wenige Jahre später gab es bereits zwanzig Träger. Eine einheitliche Uniform hatte einen zusätzlichen Werbeeffekt. Das Geschäft lief so gut, dass etwa fünfzehn Jahre später das königliche Hofmarschallamt ebenfalls eine „Hof-Chaisenträger-Anstalt" gründete. Das Unternehmen hatte am Eingang zur Schlossstraße seine Station.

Konkurrenz belebt bekanntlich das Geschäft. Einen deutlichen Vorsprung gewannen die „Rats-Chaisenträger" im Jahre 1746. Ein langgestreckter Bau wurde für den „besonderen" Berufsstand auf dem Dresdner Altmarkt errichtet. Jener diente nicht nur zur Unterbringung der „Portechaisen", sondern auch als Aufenthaltsraum für die abrufbereiten Träger. Von einem solchen Luxus konnten die vom sächsischen Königshaushalt bezahlten Angestellten nur träumen. Noch im Jahre 1839 beschwerten sich Leser des „Dresdner Anzeigers" über die auf Arbeit Wartenden an der Schlossstraße. So heißt es: „… Würde es nicht thunlichst seyn, daß den Chaisenträgern auf der Schloßgasse angewiesen werden, damit die stets zahlreich, am meisten aber vor und nach dem Theater, Vorübergehenden nicht genöthigt waren, den unerträglichen Gestank von schlechtesten Tabaks einzuatmen?"

Die wertvollen Dienste der Träger waren aber weiter unverzichtbar. Man konnte sich ihrer „Verschwiegenheit und Diskretion" auch bei so manchem „delikaten" nächtlichen Auftrag sicher sein. Ein Chronist aus den 1830er-Jahren berichtet, dass es keine Seltenheit war, dass einige in den Wartezeiten auf den nächsten Gast „Strümpfe und Socken zu stricken" anfingen.

Seit einigen Jahren verfügte Dresden bereits über einen Eisenbahnanschluss. Die Barockstadt Dresden war ein beliebtes Reiseziel. Der Fremdenverkehr wurde zu einem wichtigen wirtschaftlichen Gewerbezweig. In unmittelbarer Nähe der Kopfbahnhöfe etablierten sich die „Droschkenkutscher". Für einen behördlich festgelegten Tarif wurde die Weiterbeförderung in das gewünschte Hotel oder den Gasthof gewährleistet. Die Preise richteten sich oft nach der Personenzahl und den zu befördernden Gepäckstücken. Später weiteten sie ihr Angebot auch für kurze Fahrten durch Dresdens Innenstadt aus.

Nicht unbedingt zur Freude der „Dresdner Portechaisenträger". Während in zahlreichen vergleichbaren deutschen Städten kaum noch Sänftenträger in den Straßen zu beobachten waren, gab es sie hier weiterhin. Warum man nicht darauf verzichten wollte, können nur überlieferte Erinnerungen von Zeitzeugen erklären. In einer solchen heißt es: „In der guten alten Zeit spielten auch die Portechaisen eine große Rolle als Beförderungsmittel. Man sah oft lange Reihen solcher Tragkutschen sich nach den Balllokalen, Konzertsälen und namentlich nach dem Theater bewegen. Für Damen in vollem Putz oder für Herren in Galakleide war es jedenfalls bequemer und sicherer, sich von dem Flur des eigenen Hauses bis zu dem des Gastgebers herunter und herauf tragen zu lassen, als bei schmutzigen Wetter in eins der damaligen Fuhrwerke mit hohen Rädern und schlechten Auftritten zu klettern und eine gründliche Verunreinigung des kostbaren Ballstaates zu tragen."

So sah es auch der Pächter vom „Königlichen Belvedere", Gustav Marschner. Seit April 1860 bewirtschaftete er „den schönsten Vergnügungsort Dresdens" auf der Brühlschen Terrasse. Umfangreiche Renovierungen erfolgten. Vier Monate später bot er noch eine neue Dienstleistung an. So heißt es im „Dresdner Journal" vom 20. August 1860: „Zur Bequemlichkeit der geehrten Besucher des k. Belvedere habe ich Veranlassung getroffen, daß bei eintretenden

Regenwetter Abends von ½ 9 Uhr an eine Anzahl Portechaisen am Haupteingange des untern Concertsaales zur Verfügung stehen."

Dieses Angebot wurde dankbar angenommen. Das zahlungskräftige Publikum schätzte diese Neuerung. Eifrig wurde besonders bei festlichen Veranstaltungen davon Gebrauch gemacht.

Als im Jahre 1878 der Rat der Stadt Dresden dann doch den Betrieb der Portechaisen aufgab, wurde auch das Haus am Altmarkt abgetragen. Die arbeitslos gewordenen Träger gründeten eine Genossenschaft. Neue Geschäftsfelder wurden erschlossen. Dazu gehörten unter anderem das Speditionsgeschäft und die Hilfe bei innerstädtischen Wohnungsumzügen. In den ersten Jahrzehnten des 20. Jahrhunderts wurden die dafür angeschafften Pferdefuhrwerke durch Lastkraftwagen ersetzt.

Doch bis weit in die 1930er-Jahre hinein, blieben sie auch dem Geschäft mit dem Chaisentragen treu. Ein Angebot, das insbesondere von den zahlreichen Touristen gerne genutzt wurde. Von anderen deutschen Großstädten schon längst belächelt, bewahrte sich Dresden diese Tradition.

Die Kleiderordnung der Dresdner Frauenzimmer im Jahre 1797

Ein Fünkchen Wahrheit steckt schon in der Behauptung, dass sich Bewohner großer Hauptstädte an den herrschenden Familien orientierten. Das war auch im damaligen Dresden nicht anders. Nach einer Zeit von „Verschwendung und Pracht" folgte im ausgehenden 18. Jahrhundert die Sparsamkeit. Wohl oder übel mussten die aufstrebenden wohlsituierten Bürger diesem Beispiel Folge leisten. Strengste „Oekonomie" bestimmte die Ausgaben für eine ehedem „gut besetzte Tafel, Gesellschaften aller Art, Piquenicks und überhaupt alles, was man Vergnügen nennt." Doch bei allem Sparwillen gab es eine Ausnahme. Dies betraf die Ausgaben für standesgemäße

Kleidung. Dieser ausgeprägte Hang, sich nach der neuesten Mode zu kleiden, war insbesondere dem weiblichen Geschlecht gedankt. Zeitchronist Johann Gottlieb August Kläbe berichtet über seine Beobachtungen: „Kaum wird man Schneiders- oder eine andere Bürgerstochter von der Hofräthin, in Rücksicht der Kleidung unterscheiden können; alles ahmt dem größeren nach und übersteigt gar die Gränzen. Die Köchin kleidet sich wie die Bürgersfrau, und diese geht dann ebenfalls weiter, daher kann eine Kleiderordnung nicht nur eine Wohlthat seyn, sondern auch von manchen von thörigen Unternehmungen zurückhalten würde".

Das sich ihr Ehemann auch auf die „übrigen Einrichtungen des Hauswesens, den Meublements" ebenfalls hoch verschuldete, wurde billigend zur Kenntnis genommen. Irgendwann war der Geldbeutel leer. Die Damen begannen zu kränkeln. „Magenkrämpfe" wurden zur Modekrankheit. Dafür konnte man zwei Ursachen angeben. Da waren zum einen die eng geschnürten Kleider, welche Brust und eine Taille besonders betonen sollten, ohne an die Folgen zu denken.

„Daher haben viele unsere 15- bis 20jährigen Frauenzimmer eine blasse Gesichtsfarbe, schwarze Zähne, stinkendem Athem, eine Brust, die ihre künftige Bestimmung nicht angemessen ist, üble Verdauung und werden, ehe sie noch ihre Bestimmung erreicht haben, alte Mütterchen sehr hingegen die Polnische Frauenzimmer, oder unsere unverdorbene Bauernmädchen, die jenes verderbliche Instrument nicht kennen; eine schönere Falle, eine volle Brust, schön gewachsener Körper, ein von angenehmer Röthe ueberzogenes Gesicht, ein feuriges, schmachtendes, schmelzendes Auge, und eine dauerhafte Gesundheit, sind das eigenthümliche derselben."

Kläbes Betrachtungen mündeten in dem Fazit: „Arbeit, Schweiß, Hunger, Durst, Hitze und Frost sind die besten Gewürze der Speisen". Daher habe die ländliche Bevölkerung einen weitaus besseren Appetit.

Doch noch eine weitere Ursache hatte er für die häufigen „Magenkrämpfe" der Damenwelt ausgemacht. Es ist die unzureichende

„Leibesbewegung". So schreibt er unter anderem: „Unsere Frauenzimmer sitzen gewöhnlich am Stickrahmen, am Näh- und Putztische, an der Toilette, am Spieltische, und das geht einen Tag wie den anderen, wo ihnen der Magen und der Unterleib zusammengedrückt und jene Krankheit zuverlässig bewirkt wird."

Schauessen bei „Königs" auf Schloss Pillnitz

Es gibt schon merkwürdige Vergnügungen. So etwa, wenn viele Familien Anfang des 18. Jahrhunderts regelmäßig nach Schloss Pillnitz pilgerten, um sich nicht nur an der Schönheit der Natur in den prachtvollen Gartenanlagen zu erfreuen, sondern vor allem um den sächsischen Königshof beim Speisen zu beobachten. Die Gewohnheit vor Zuschauern zu speisen, war ein sehr alter Brauch in Herrscherfamilien und fand seine Verfeinerung in der Zeit des französischen Sonnenkönigs Ludwig XIV. Nacheifernde deutsche Kurfürsten und Könige übernahmen diesen Brauch. In den Stürmen der französischen Kriegszeit 1806 bis 1815 wurde er an den meisten Höfen abgeschafft. Nicht so in Schloss Pillnitz, hier wurde er „sorgfältig beibehalten".

Gustav Parthey, der damals noch ein kleiner Junge war und gemeinsam mit seiner Tante und den Dresdner Cousinen eine solche Veranstaltung besuchte, wird sich noch viele Jahre später daran erinnern. So berichtet er unter anderem: „… Der helle Eßsaal hatte auf halber Höhe eine geräumige Galerie für das Publikum, unter standen 3 Tische nebeneinander, wie auf dem Theater nur an eine Seite mit Couverts belegt; der mittelste Tisch für den König, seine Brüder und die Prinzen von Geblüt, die beiden anderen für den Hofstaat.

Als der König an seinen Platz trat, verneigten sich alle hohen und geringen Herrschaften ehrerbietig gegen ihn, zwei Kammerherren hoben je den rechten und linken Rockschoß des Königs auf, und ein dritter schob ihn den schweren Sessel unter den Leib.

Während der Mahlzeit, die aus vielen Schüsseln bestand, ward nicht ein lautes Wort gesprochen, und jeder blickte auf seine Teller. Unser gerechtes Erstaunen erregte die ganz unglaubliche Quantität der Speisen, die von den königlichen Personen, besonders von den beiden Prinzen Friedrich und Johann verspeist wurden. Das Volumen des Genossenen schien die gewöhnliche Kapazität eines menschlichen Magens weit zu übersteigen, und doch waren alle die hohen Herrschaften mehr mager als wohlbeleibt zu nennen …"

Drei Jahre später berichtet auch Kammerherr Carl von Voß über eine solche öffentliche Tafel beim sächsischen König in Pillnitz. In seinem Tagebuch vermerkt er unter den 29. August 1822: „Der preußische König ist heute beym König von Sachsen, und es sind unzählige Menschen hinausgeströmt, um ihn dort mit der sächsischen Königsfamilie an der öffentlichen Tafel speisen zu sehen.

Man erzählte mir, dass man ihn, als er vor einigen Jahren dort speiste, bey Tafel – ob zufällig oder absichtlich bleibt unentschieden – nur mit Musikstücken aus der „Gazza ladra" der „diebischen Elster" von Rossini unterhalten habe. Solche Schnippchen schlagen die pfiffigen Sachsen gar zu gerne den preußischen Nachbarn, die ihnen nach der Teilung Sachsens äußerst verhaßt geworden war."

Als der sächsische König Friedrich August I. im Jahre 1827 verstarb, endete auch die Tradition der öffentlichen „Schauessen" im Schloss Pillnitz.

Weihnachtseinkäufe zu Biedermeier-Zeiten

Die vorweihnachtliche Weihnachtszeit im alten Dresden. Mit großer Neugier fieberte man der Eröffnung des Striezelmarktes auf dem Altmarkt entgegen. Neben dem Dresdner Christstollen gehörte auch der „Pflaumentoffel" zu den Verkaufsschlagern. Dieses „Männchen" war mit kleinen Holzstäben und getrockneten Backpflaumen sehr einfach zu basteln. Und es gibt die herzergreifenden

Zeichnungen von Ludwig Richter, wo Kinder der armen Leute damit ihr erstes Geld verdienten. Ob sie damit ihren Traum vom Weihnachtsgeschenk erfüllen konnten, weiß keiner. Zu ihren Kunden zählten viele gut betuchte Dresdner Bürger, die nach einem ausgiebigen Einkaufsbummel auch den Striezelmarkt besuchten.

Damals wie heute war die Adventszeit mit großem Einkaufsstress verbunden. Inserate in alten Zeitungen geben darüber Auskunft, wie um die Kundschaft geworben wurde. Längst vergessene Namen tauchen auf. Große Kaufhäuser waren noch unbekannt. Die Weihnachtseinkäufe wurden in den vielen kleinen „Verkaufsgewölben" rings um den Dresdner Altmarkt erledigt. Zum Beispiel warb „Weber & Co." in der Frauengasse mit französisch klingenden Namen für Strickjacken und Wollsocken. Monsieur de Manoir in der Scheffelgasse preist feinste französische Seifen, Jasmin=, Rosen= und Pfefferminzöl an; der Drogist Gläser aber nahm für ein Flakon Damaszener Rosenöl in goldenen Etui 1 ½ Taler". Damalige Dresdnerinnen scheuten zur Schönheitspflege keine Kosten.

Auch der Papierwarenhändler Carl Gotthelf Müller in der Moritzstraße freute sich über zahlreiche Kundschaft. „Hier fand der Biedermeier all die Dinge zum Ausschneiden, Kleben, Flechten, mit denen er sein Weihnachtfest ausputzte". Bunte Papiere zum Verpacken der Geschenke, Tuschkästen, Poesiealben und natürlich künstlerisch gestaltete Glückwunschkarten waren die Verkaufsschlager. Mit großem Interesse wurden die neuesten „Metallschreibfedern" bestaunt, welche von England aus gerade die Welt eroberten. Diese waren damals noch handgeschmiedet und der Preis von sechs Groschen pro Stück war für viele unerschwinglich.

Kunstgewerbliche Gegenstände gab es bei dem Italiener Anton Buzzi. Sein Verkaufsgewölbe war vollgestellt mit Porzellan, lackierten Leuchten und bemalten Dosen. Besonderes Interesse fanden die Schnupftabakdosen. Einige waren besonders verziert. Bei einer ertönte eine Melodie „wenn durch Schnupfen die Feder des Spielwerkes beim Oeffnen der Dose" gespannt wurde.

Auf der Suche nach Weihnachtsgeschenken waren auch die wenigen Buchhandlungen überfüllt. Sogenannte „Jugendschriften" fanden reißenden Absatz. Dazu gehörten die Geschichte von „Robinson Crusoe" oder „Gullivers Reisen". Das im Jahre 1827 erschienene „Buch der Lieder" des jungen Heinrich Heine galt noch als Geheimtipp.

So manche „Materialwarenhandlung" bot unter den Slogan „billige Holzspielwaren, alles sächsisches Fabrikat" Geschenkideen an, die Kinderaugen zum Leuchten brachten. Mit kleinen geschnitzten Figuren ließen sich das Leben auf dem Bauernhof, Soldatenparaden oder Volksfeste wie das „Vogelschießen" nachbauen. Aber auch andere Dinge, wie die „Laterna Magica, Magnetschiffe, Zauberkästen" standen hoch im Kurs. Damalige Weihnachtsgeschenke, die man heute nur noch im Volkskundemuseum betrachten kann.

Hatte man alle Geschenke für die Liebsten beisammen, hieß es nun sich mit dem Essen und Trinken zu beschäftigen. Verlockende Angebote gab es bei den Kolonialwarenhändlern. Wie wäre es mit „fließenden Kaviar" oder „frische Austern"? Solche Luxusspeisen konnten sich aber nur sehr wenige leisten. Sei es nun „Pommerische Gänsebrüste", „Rouladen von Wildschweinskopf" oder „Frankfurter Bratwürste". Die weniger Betuchten freuten sich auf „Kieler Sprotten", „Kappler Speckbücklinge" oder Heringe.

Alle diese Speisen machten auch Durst. „Elbwein, der Eimer zu zwölf Talern" heißt es in den zeitgenössischen Inseraten. Für die gleiche Menge französischen Landweins musste man sechs Taler mehr bezahlen. Andere schätzten die Kanne Bier. „Jamaikarum, Punschessenzen" oder „Rosenwasser" waren auch nicht unbekannt.

Besonderes großes Interesse fanden bei dem weiblichen Geschlecht die „Weihnachts-Ausstellungen" der Bäcker und Konditoren. Hier ansässige Schweizer und italienische Kuchenbäcker gaben den Dresdner Christstollen eine ganz besonders feine Note. Groß war die Auswahl an „Marzipan- und Naturalkonfect". Wie mögen wohl „Eichel- und Gerstenschokolade" geschmeckt haben? Es gab aber auch feinere Varianten aus dem südeuropäischen Raum. Attraktion bei der Verkaufsfenstergestaltung im Jahre 1828 war eine aus Zuckerguss hergestellte Nachbildung des Mailänder Domes.

Doch bei dem ausgiebigen Einkaufsbummel durfte die gutsituierte Hausfrau den Besuch in einer Tabakwarenhandlung nicht vergessen. „Woodvilles hieß die Festzigarre des wohlhabenden Bürgers, und diese gute Sorte Havanna kostete das Hundert 1 Taler 16 Groschen". Das war schon etwas ganz Besonderes, weil noch die Tabakpfeifen vorherrschten. So war nun auch das Familienoberhaupt reichlich beschenkt und die friedliche Weihnachtszeit konnte beginnen.

Russische Rutschbahnen steigerten das Wintervergnügen

Das winterliche Dresden in der Mitte des 19. Jahrhunderts. Beliebte Ausflugsziele waren die zugefrorenen Teiche oder künstlich geschaffenen Eisflächen in der Innenstadt. Rodeln und Schlittschuhfahren wurden zunehmend beliebt. Attraktion jeder Wintersaison war die am Palaisteich im Großen Garten aufgebaute „Russische Rutschbahn". Am östlichen Ufer war ein hoher Turm aufgebaut. Das Plateau erreichte man über eine Holztreppe. Dort standen die Schlitten bereit, um auf der mit Eisquadern gesicherten Bahn herunterzusausen. Ein Zeitzeuge schreibt in seinen Erinnerungen: „Auf diese sausten die großen, je 6-8 Personen fassenden Schlitten bei solchen Gekreisch der weiblichen Insassen bereits, daß Haus und Hüte flogen, glitten noch mit rasender Geschwindigkeit auf gesonderter Bahn links auf dem Teiche dahin, durch eine Öffnung in der Hecke wieder an das Land und kamen erst dicht vor dem Palais zum Stehen. Einmal Rutschen kostete einen Dreier."

Das knappe Taschengeld erlaubten den Jugendlichen nur wenige Schlittenpartien. Doch auch als Zuschauer hatten sie großen Spaß. Insbesondere bei Missgeschicken der erwachsenen Rodler. Noch Jahrzehnte später wurde so etwa von dem Fahrversuch einer besonders dickleibigen Bäckersfrau erzählt. Allein durch ihre Körperstatur war sie schon weithin bekannt. Umso größer war die Überraschung, als sie mit einer wohl „zur Schau getragenen leichten Beweglichkeit" die Treppenstufen zum Abfahrtspunkt hinaufstieg. Oben angekommen, wählte sie aber keinen breiten Schlitten, sondern eine „Käsehitsche", einen kleinen Kinderschlitten. Das Schicksal nahm seinen Lauf: „Kaum hatte sich der Schlitten nebst Besitzenden in rasende Geschwindigkeit versetzt, als das Fahrzeug ihr unter dem Körper entschlüpfte und sie ohne vermittelnde Kleidungsstücke die schiefe Ebene eilends hinabglitt. Nach der alten Wahrheit: ‚Wer den Schaden hat, braucht nicht für den Spott zu sorgen', begann die liebe Jugend ob der Art dieses Hinabgleitens ein heilloses Gejohle.

Voll Geistesgegenwart nahm die Verspottete sofort eine Droschke und fuhr nach Hause, um hier noch ein entsetzliches Nachspiel erfahren zu müssen. Vor dem Fenster des Bäckerladens befand sich ein von Messingblech eingerahmtes Brett, auf das die verlangte Ware gelegt ward. Schon am nächsten Tage pochte ein Junge ans Fensterlein: „Was willst'n Kleener" – „Is ‚Ihrer' – wieder heele?" – „I du vers… Bengel"! Schwapp! ward das Fenster zugeworfen. Dann kamen vernünftige Leute und kauften. Danach wieder ein ungezogener Junge mit derselben Frage. – Und dieses Fragen wollte schier kein Ende nehmen, wohl 14 Tage lang, bis eine andere Person zum Verkauf bestimmt wurde. Von da an hatte das jugendliche Hüpfen und Necken aufgehört."

Ab Mitte der 1850er-Jahre erfreute sich das Schlittschuhlaufen zunehmender Beliebtheit. Anfangs konnten beide Wintervergnügungen noch nebeneinander betrieben werden. Um genügend Platz und insbesondere Sicherheit für die zahlreichen Läufer zu schaffen, verzichtete man wenige Jahre später aber auf die aufwendige Konstruktion der „Russischen Rutschbahn". Sicherlich spielte auch die Frage der Wirtschaftlichkeit eine Rolle, denn die Schlittschuhläufer wurden beständig zahlreicher.

Doch aller Anfang war schwer. Insbesondere für das weibliche Geschlecht. Gern wurde diese Episode weitererzählt: Es wird wohl im Jahre 1852 gewesen sein. Ort des kleinen Skandals war die Eisbahn im Großen Garten. Franz Jacob Wigard, ein liberaler Landtagsabgeordneter und einer der angesehensten Persönlichkeiten Dresdens hatte seine beiden Töchter mit Freundinnen zum Schlittschuhausflug eingeladen. Diese trugen natürlich keine „Schleppkleider", sondern waren dem winterlichen Vergnügen entsprechend zweckmäßig gekleidet. Dank des energischen Schwunges war es nicht zu vermeiden, „dass die Röcke nur so flogen". Doch nicht jeder Zuschauer hatte an der fröhlichen Ausgelassenheit seine Freude. Aber an der Eisbahn kam es nicht zur Auseinandersetzung über die angebliche Freizügigkeit, vielmehr wandte sich ein besonders „treuer Sittenwächter" an die Schule der vier Mädchen.

So hatte der als sehr fromm bekannte Schuldirektor Richter die undankbare Aufgabe, den vier Mädchen eine Strafpredigt zu halten, die letztendlich im Verbot endete, öffentlich Schlittschuh zu laufen. Die eingeschüchterten Töchter erzählten natürlich ihrem Vater davon. Der mochte sich mit dieser althergebrachten Argumentation nicht abfinden. So kam es wie es kommen musste. In einem eingeforderten Gespräch überzeugte der als „wortgewaltige" bekannte Wigard den Schuldirektor von der Unsinnigkeit des Verbotes. Nach dem Gespräch wurde diese Sache als „erledigt" angesehen. Denn den Zeitenlauf konnte keiner aufhalten. Und bereits wenige Jahre später wird man noch viel mehr junge Mädchen auf Dresdens Eisflächen treffen. Und aus der sich in Dresden bildenden „Fremdenkolonien" werden es vor allem die reichen jungen Engländerinnen sein, die das Schlittschuhlaufen noch weiter bekannt machen.

Ruhiger waren da noch Zeiten, als der Registrator Tag gemeinsam mit seiner Ehefrau dem täglichen Eislaufvergnügen nachging. Schon längst zählten die beiden zu den Dresdner Stadtoriginalen. Ob es an ihrer gemeinsamen Leidenschaft, der abgestimmten Eleganz der Bewegung oder nur einfach dem Festhalten an der traditionellen Kleidung lag, ist nicht zu beantworten. Auf alle Fälle sah man ihnen gern beim Schlittschuhlaufen zu. Ein Zeitzeuge erinnert sich daran: „Sie liefen, beide schon im vorgerückten Jahre, Hand in Hand stundenlang gravitätisch, gut und sicher, aber von allen Kunstleistungen absehend, auf dem Teiche rundherum, gekleidet in das edelste Biedermeierkostüm aus dem ersten Jahrzehnte des Jahrhunderts. Der Registrator, eine große wohlbeleibte Gestalt, trug einen froschgrünen Frack mit blanken gelben Knöpfen, eine ebenfalls kurze gelbe Weste und eng anliegende graue Beinkleider mit Stegen, auf dem Kopf hatte er eine graue Tuchmütze mit großem Schirm und aufgeschlagenen Klappen, die Frau trug einen mächtigen Strohhut von altertümlicher Form, in dessen tiefstem Innern, wie in einer großen Tute, das Gesicht steckte, und einen kurzen Rock, der sie beim Schlittschuhlaufen nicht hinderte. Es sah das gewiß putzig genug aus, fiel aber doch nicht auf, wie man denken sollte, denn viele, die es sahen, konnten sich ja noch recht wohl die Zeit vergegenwärtigen, in der so, oder doch so ähnlich, alle ausgegangen waren."

Bei nicht wenigen Zuschauern reifte der Wunsch, es selber mit dem Schlittschuhlaufen zu versuchen. In den 1870er-Jahren war schon längst ein Ausflug in den Großen Garten damit verbunden. Eine ebenso prachtvolle Kulisse konnte der zugefrorene Zwingerteich sein. Ein willkommener Nebenverdienst für Hoffischer Gäbler. Für eine geringe Gebühr erlaubte er das winterliche Vergnügen vor prachtvoller Kulisse. Einige Nachmittage während der Wintersaison verzichtete er auf das Eintrittsgeld. Dann durften die Kinder der Dresdner Armenschule sich hier im Schlittschuhlauf probieren. Danach wurden sie mit kostenlosen Heißgetränken und Kuchen belohnt. Nicht zuletzt aus diesem Grund wurde der Hoffischer liebevoll „Papa Gäbler" genannt.

Seit Ende der 1880er-Jahre sind die künstlich geschaffenen Carola-Seen im Großen Garten eine beliebte Adresse. Zusätzliche Popularität erhielten die zugefrorenen Teiche durch einen prominenten Fan, der nach dem anstrengenden Regierungsgeschäft zur Entspannung ein paar Runden über die öffentliche Eisbahn drehte. Der letzte sächsische König, Friedrich August III., war ein gern gesehener Gast. Er war schon seit seiner Jugendzeit als begeisterter Schlittschuhläufer bekannt. Sein Sohn Prinz Ernst Heinrich von Sachsen wird viele Jahrzehnte später in seinen Erinnerungen davon berichten und folgende Anekdote zu besten geben: „Ein Hofwagen brachte meinen Vater dorthin, wo er mitten zwischen den anderen Leuten sich seine Schlittschuhe anschnallte. Auf Angebote ihm zu helfen, sagte er: ‚Danke sehr, aber ich mache das lieber selber, dann weiß ich, daß sie richtig sitzen.' Ganz allein, ohne Begleitung oder Polizeibewachung, mitten unter den Schlittschuhbegeisterten aller Klassen und Altersstufen fuhr er seine Bogen. Manchmal wurde er auch angeeckt, wie es auf dem Eis nicht zu vermeiden ist. Dann wurde dieser kleine Zwischenfall durch ein freundliches Wort oder einen kleinen Witz ausgeglichen. Ich erinnere mich noch, wie ein junges Mädchen ihn anstieß und sich etwas unsanft vor ihm auf den Boden setzte. Sie sah ihn entgeistert an und brach in die Worte aus: ‚Ach Gott, Majestät, jetzt habe ich Sie angerannt'. ‚Macht gar nischt', antwortete mein Vater und fuhr weiter."

Als das „Cosel-Palais" zum „Palais Heiducoff" umbenannt werden sollte

Diese kleine Geschichte beginnt am 24. Oktober 1842. Die Registratoren „beym Rath zu Dresden" hatten eine neue Akte anzulegen. Eingegangen war ein Brief von Hermann Heiducoff, der um „Erlaubnis zur Verehelichung mit einer Dresdnerin" nachfragte sowie „dessen Gesuch um das hiesige Bürgerrecht als Restaurateur". Eine solche Genehmigung war für einen Ausländer Voraussetzung, um sich in der sächsischen Residenzhauptstadt selbstständig zu machen.

In einem ausführlichen Schreiben erläutert er seinen beruflichen Werdegang. Im Jahre 1813 wurde er in Nikola bei Smolensk geboren. Seine Eltern hatte er schon in frühester Kindheit verloren. Später hatte er mit Unterstützung zahlreicher Gönner in Moskau „die Kochkunst in allen ihren Branchen und gründlich erlernt". Im Gefolge des russischen Oberst Boroschnikoff kam er 1836 nach Dresden. Er blieb, „als derselbe nach Rußland zurückreiste, durch vielfache Engagement=Offerten aufgemuntert in Sachsen zurück". Beigelegte Arbeitszeugnisse bestätigen seine Tätigkeit in vornehmen Gasthöfen in Leipzig, Dresden und im „Goldenen Hirsch in Töplitz". Und weiter ist zu erfahren: „Seit dem 1. März 1840 befinde ich laut des Attestes F als Koch in hiesigen Hôtel de France und werde ferner hier in dieser festen Condition bleiben, beabsichtige jedoch, die gnädigßte Erlaubniß dazu vorausgesetzt, um meiner vielleicht ins Kleinliche gehende Liebe zu Pünktlichkeit und Ordnung, die ich freilich jetzt immer schmerzlich vermisst habe, zu genügen, mit einem hiesigen braven und wirtschaftlichen Mädchen, der einzigen Tochter des Polizei-Registrators Bierling, mich zu verheirathen."

Mittlerweile wusste er dank seines zukünftigen Schwiegervaters, welche Dokumente er dem entscheidenden Gremium vorlegen musste. Deshalb entschuldigt er sich schon im Voraus und bittet um Verständnis: „Leider bin ich nicht im Stande den vorgeschriebenen Rekurs von meiner Heimathsbehörde beizubringen, da, wie bekannt, die russischen Behörden weder diese, noch überhaupt eine heimathliche Legitimation ausstellen, und bin ich daher nur darauf beschränkt, auf andere Weise die Commun sicherzustellen, daß weder ich, noch meine Familie derselbe niemals zur Last fallen können."

Stolz erwähnt er weiter, dass er über 1200 Thaler Vermögen verfüge. Zum einen habe es geerbt, zum anderen durch äußerste Sparsamkeit erworben. Ihm war sein Anliegen so wichtig, dass er den Stadtoberen sogar anbot, es zu hinterlegen, „bis ich irgendwo ein Heimathrecht in Sachsen erlangt und nachgewiesen habe."

Die Behörden waren sehr misstrauisch. Sie verlangten von Hermann Heiducoff eine detaillierte Schilderung des angehäuften Vermögens. Er antwortete vier Wochen später in gewohnt ausführlicher Weise. Und so schlummert in einer alten Schankakte – unter vielen anderen – ein Ansparmodell aus der Biedermeierzeit.

„Was zunächst mein väterliches Vermögen anlangt, so besteht solches aus 200 Silber=Rubeln, mitten etwa unter 200 Thalern, welche ich in meiner Heimath aus den Verkauf eines Häuschens gelöst und mir heilig aufbewahrt habe.

Von meiner Heimath wandte ich mich nach Moskau, um daselbst die Kochkunst zu erlernen. Der Fürst Rastozschin ließ mich auch darin unentgeltlich unterrichten, und behielt mich noch zwei Jahre als Koch mit einen monatlichen Gehalt von 35 Silber=Rubeln in seinen Diensten.

Da ich in diesen Diensten alles frei hatte, und auch nicht für das kleinste Bedürfniß, nicht einmal für Kleidungsstücke, die mir ebenfalls von den genannten Fürsten reichlich geschenkt wurden, zu sorgen hatte, so war es mir leicht, nicht allein mein kleines väterliches Vermögen unangetastet aufzubewahren, sondern auch mich den größten Theil meines Gehaltes mir zurückzulegen, so daß ich, nachdem ich bei meiner Auswanderung aus Rußland mit Oberst Borischnikoff mit Wäsche und Kleidungsstücke versehen, noch baare 200 Silber=Rubel außer mein Erbtheil mit nach Deutschland brachte.

Da ich auch hier freie Station hatte, blieben jene 400 Silber=Rubel unangetastet, und habe ich solche, um nach der Abreise des Oberst Borschnikoff in Sachsen zurückzubleiben und bei dem Hotelier Lusch in Leipzig in Dienst treten zu können, damals baar aufweisen müssen.

Während meiner sechsjährigen Conditionszeit in Sachsen habe ich nun stets einen monatlichem Gehalt von durchschnittlich 25 Thaler erhalten, und ist es mir daher bei meinen sämtlichen Prinzipalen anerkannte Sparsamkeit, und bei fortwähren völlig freier Station, wobei mir die Sorge für meine wenige Kleidungsstücke – dem bei meiner Dienstbeschäftigung vom frühen Morgen bis in die Nacht ist ein diesfälliger Luxus gar nicht denkbar –, übrig blieb, möglich geworden, ziemlich die Hälfte meines angeglichenen Gehaltes jedesmal zurückzulegen, auch somit in einem Zeitraum von sechs Jahren Achthundert Thaler mir zu ersparen, welche ich ebenso, wie mein früher erworbenes Vermögen, nach und nach meinen zukünftigen Schwiegervater, welchen ich schon lange Zeit kenn, und welcher mich stets darauf aufmerksam machte, daß zu Begründung eines festen Wohnsitzes in Dresden ein nicht unbedeutsames Vermögen

gehöre, um somit meine Sparsamkeit noch vermehrte, zur Aufbe-
wahrung übergeben habe, woselbst sich mein Vermögen, und zwar
in einem Großherzoglich Weimarischen Staats=Schuldschein über
1000 Thaler, und in 200 Thalern in Baaren noch jetzt befindet."

Nur wenige Monate später – für Entscheidungen der städtischen
Behörden ein relativ kurzer Zeitraum – hatte er mit seinem Gesuch
Erfolg. Neben der Heiratserlaubnis erhielt er Anfang des Jahres 1843
auch das Dresdner Bürgerrecht. Dieses ermöglichte ihm den ersten
Schritt in die Selbstständigkeit, denn gleichzeitig erhielt er die
Erlaubnis im Haus Seegasse Nr. 11 eine kleine Gastwirtschaft zu
eröffnen. Doch der in den vornehmsten Häusern tätig gewesene
Koch Hermann Heiducoff strebte nach höheren beruflichen
Herausforderungen.

Sein Ziel war es im „Cosel-Palais" am Neumarkt ein vornehmes
Hotel einzurichten. Von seiner Idee hatte er die Hauseigentümer
bereits überzeugt. Für taktisch klüger hielt er es, wenn diese
zunächst einen Antrag auf „Gasthofgerechtigkeit" für das markante
Gebäude gegenüber der Frauenkirche stellten. So geschah es dann
auch am 20. November 1843 mit einem Schreiben an den Dresdner
Stadtrat. Einleitend heißt es: „Das uns gehörige, hinter der hiesigen
Frauenkirche gelegene Haus, das Koselsche Palais genannt, wurde
seit einer langer Reihe von Jahren bis zur neuesten Zeit herab, theils
von fremden bei dem Königl. Sächs. Hofe acorniditirten Diploma-
ten, vornehmlich aber dem Gesandten des Österreichischen Kaiser-
hauses, theils von Ausländern, welche durch ihren Aufenthalt allhier oder von den Annehmlichkeiten der Umgegend der Residenz
oder deren Kunstschätzen und anderen Annehmlichkeiten derselben angezogen wurden, bald längern Zeit bald kurzernen Zeit
daselbst weilten, als Hotel bewohnt, und zwar von jenen Diploma-
ten allerhöchstens das erste und theilweise das zweite Stockwerk
nebst einem theils der Erdgeschosses von mehreren Fremden das
zweite und dritte Stockwerk."

In einem weiteren Teil des Gebäudes gab es Mietwohnungen. Größere Räumlichkeiten konnten nicht vermietet werden. Nun erhoffte

man sich mit einem Innenumbau nach neu „geschaffenen Raum-System" und den Einstieg ins Hotelgewerbe bessere Erträge zu erwirtschaften. Erste „verschiedene geeignete Individuen" hatten sich bereits gemeldet, welche unser „Grundstück ganz oder größtenteils vermiethen wollen". Jene forderten aber auch die Erlaubnis zum kurzzeitigen Vermieten der Zimmer, weil sich die Bedürfnisse der Reisenden geändert hatten.

Der Dresdner Fremdenverkehr erlebte in den 1840er-Jahren seinen ersten Höhepunkt. Dies lag an der neu geschaffenen Anbindung durch die Eisenbahn. „Von Einflusse wird aber für ein dergleichen Unternehmen die Fortsetzung der Leipziger-Breslauer Eisenbahn, sowie die weitere Ausdehnung der Eisenbahn in und durch Deutschland überhaupt sein, indem der größte Theil der Reisenden die Schnelligkeit des Fortkommens benutzend im steten Zweifel sich befindet und darauf sich keine Wohnung auf Monate zu miethen gemeint ist, daher, wenn sie auch durch die Annehmlichkeiten der Residenz noch an dies er, als anderen Orten festgehalten werden, doch durch jenes schnelles Reisen zu mannigfachen Ausflügen sind veranlasst, und um deswillen die meisten von ihnen beschwerlich finden, ein Quartier auf bestimmte Zeit zu ermiethen."

Ein „Bedürfniß" für einen neuen Hotelbetrieb war also schon längst gegeben. Die Lage und der bauliche Zustand des Hauses erfüllten alle Kriterien für einen Hotelbetrieb. Neben den gut ausgestatteten Fremdenzimmern waren auch für den konservativ Reisenden ausreichende Stallungen für die Pferde und Remisen für die Kutschen vorhanden. Drei abgesonderte Hofräume machten dies möglich Und in dem langatmig verfassten Gesuch gab es auch einen Vorschlag für eine Namensänderung. Das Haus sollte „Hôtel de Petersburg" heißen.

Zwei Monate später wurde das Gesuch durch die zuständige Königlich Sächsische Kreisdirektion abgelehnt. In der Begründung hieß es unter anderem, dass in der Nähe des Dresdner Neumarktes bereits ausreichend Hotels und Gasthäuser vorhanden wären. Außerdem liege das „Cosel-Palais" zu nah an der Frauenkirche. Die in Kutschen oder Mietdroschken ankommenden Reisenden würden mit der dazugehörigen Geräuschkulisse die Gottesdienste stören.

Ein interner Untersuchungsbericht gibt weiteren Aufschluss für die Ablehnung. Auf Landesebene verstand man zum Beispiel nicht die Entscheidung des Dresdner Stadtrates, auf dem Neumarkt Markttage abzuhalten: „Dass aber das Bestehen dieses Gotteshaus alle geräuschvollen Bewegung und desselben nicht gestatten, geht daraus hervor, weil man erst seit kurzer Zeit die Kannen- und Schiebocken mit Brennmaterialien, die Händler mit verschiedenen Waaren, namentlich die Fabricanten von Leitern und der gleichen Gegenständen, die Händler mit Sägespann. Hafer, Heu und Stroh um diese Kirche herumpostirt und allda ihre Verkaufslocalien angewiesen hat, ohngeacht auch in den Wochentagen nicht selten diese Kirche zu Abhaltung geistlichen Verrichtungen geöffnet ist."

Und überhaupt sah es mit der Kontrolle der bereits erteilten Konzessionen zur „Gasthofgerechtigkeit" sehr schlecht aus. Diese Erlaubnis war in den vergangenen Jahrzehnten meist nur für ein Gebäude erteilt worden. Jetzt musste man feststellen, dass die in unmittelbarer Nachbarschaft gelegenen gleichartigen Unternehmen „Hôtel de Saxe" und „Stadt Rom" – durch Ankauf der Nachbargrundstücke – auf jeweils sechs und drei Häuser erweitert worden waren. Die notwendigen Genehmigungen waren nicht erteilt worden. Die Behörden wurden vor vollendete Tatsachen gestellt.

Mit diesem „abfälligen Bescheid" wollte sich Hermann Heiducoff nicht zufriedengeben. Neue Gesuche folgten und neue Ablehnungen. Der Kampf wurde durch alle Instanzen geführt. Die erhalten gebliebene Akte im Stadtarchiv Dresden belegt das. Heiducoff lässt nicht locker. Am 8. Juni 1844 stellt er ein neues Gesuch. Auf 26 Seiten argumentiert er für eine Gasthofgerechtigkeit für das von ihm gekaufte „Cosel-Palais". Die auf Landesebene beschlossenen Ablehnungsgründe stimmten nicht mit der Wirklichkeit überein, schreibt er. Nach Akteneinsicht habe er festgestellt, dass die städtische Polizei keine Bedenken gegen sein Gesuch habe.

Die Behauptungen, dass in der naheliegenden Frauenkirche „eine Störung des Gottesdienstes durch das Geräusch der ankommenden und abgehenden Wagen" zu erwarten wäre, hielt er als nicht haltbar. Schließlich führen in geringer Entfernung zum Gotteshaus auch die Kutschen der bereits bestehenden Gasthöfe vorbei.

Einen weiteren Brief schrieb Hermann Heiducoff zwei Wochen später an das sächsische Innenministerium. Er hofft weiterhin auf Unterstützung zum Erhalt der Gasthofgerechtigkeit. In diesem Schreiben argumentiert er mit den steigenden Fremdenverkehrszahlen aufgrund Dresdens Anbindung an die Eisenbahnlinien.

1831	13.000 Fremde
1840	45.000 Fremde (nach Eröffnung der Eisenbahn)
1841	56.000 Fremde
1842	56.200 Fremde
1843	58.500 Fremde

Die Entscheidungsträger ließen sich trotzdem nicht überzeugen. Am 2. Oktober 1844 erhielt er eine weitere Ablehnung. Fünf Tage später wandte sich Heiducoff mit einem neuen Gesuch an den sächsischen König. Auch diese Eingabe brachte nicht den erwarteten Erfolg.

Natürlich wussten die Gasthof- und Hotelbetreiber über die Bestrebungen Heiducoffs Bescheid. In den 1840er-Jahren war es noch üblich, die in einem lockeren Verband organisierten Gastwirte nach ihrer Meinung zu fragen. Die waren naturgemäß über die Entstehung neuer Konkurrenzunternehmen wenig begeistert. Besonders ablehnend zeigten sie sich in ihren Stellungnahmen, wenn es um die Bewirtung besonders zahlungskräftiger und vornehmer Gäste ging. Das „Cosel-Palais" wurde argwöhnisch beobachtet. Schon längst war bekannt, dass hier private Zimmer und Wohnungen für einen längeren Zeitraum vermietet wurden.

Bereits wenige Tage später war die Abweisung durch alle Instanzen stadtbekannt. Am 2. November 1844 folgte prompt die erste Anzeige. Die Genehmigung zur Übernachtung von Reisenden würde im „Cosel-Palais" umgangen. Vermieter von privaten Fremdenzimmern hatten die Auflage, nur Gäste aufzunehmen, die mindestens einen Monat in Dresden blieben. Heiducoff hatte das Zeitlimit einfach auf acht Tage herabgesetzt. Doch selbst an diese Beschränkung hielt er sich nicht. So setzte er sich dem Verdacht, einen illegalen Hotelbetrieb etabliert zu haben, aus. Dass im gleichen Haus eine Schank- und Speisenwirtschaft eingerichtet werden sollte, bestätigte den Verdacht.

„Gasthofgerechtigkeit" und die Erlaubnis zur „Ausspannung" hatte Heiducoff nicht erlangt. Das störte ihn aber nicht mehr. Er schaute vorwärts und prophezeite: „daß es schon jetzt zu den Seltenheiten gehört, wenn Fremde allhier mit eigenen Pferde ankommen, und da künftig nach Vollendung der Breslauer, Prager und Erzgebirgischen Eisenbahn das Fahren mit eigenem oder Lohnkutschern gar nicht mehr stattfinden wird."

Dass er unabhängig von den behördlichen Entscheidungen in den unteren Etagen einen Gastraum eröffnet hatte und die damals übliche gemeinsame Speisetafel – table d'hôtel genannt – für die Übernachtungsgäste angeboten wurde, sollten die Anschuldigungen bestätigen. Ein solches geschäftliches Gebaren dürfe in Dresden nicht geduldet werden und benachteilige die bereits bestehenden Gasthöfe, wurde ihm vorgehalten.

Doch Hermann Heiducoff wollte zur ersten Liga der Dresdner Hotelbesitzer gehören. So scheute er auch nicht davor zurück, den bereits gewohnten Briefverkehr mit den Aufsichtsbehörden durch alle Instanzen noch einmal zu führen. Erste Ablehnungen gegen die Errichtung einer Speise- und Schankwirtschaft im „Cosel-Palais" verunsicherten ihn nicht. Prompt folgte ein neues Gesuch, gespickt mit zahlreichen Empfehlungsschreiben seiner vornehmen Gäste. Geschickt nutzte er die unterschiedlichen Anschauungen der Stadt- und Landesbehörden aus.

Anderthalb Jahre wird es dauern, bis er den gewünschten Gewerbeschein erhält. Mit der am 2. Juli 1846 amtlich ausgestellten Erlaubnis hatte er zwei Ziele erreicht. Die bereits bestehende Bewirtung seiner Gäste mit Speisen und Getränken war nun offiziell legitimiert und gleichzeitig stand seine Gastwirtschaft dem öffentlichen Publikum zur Verfügung.

Keine drei Wochen später erreichte die zuständigen Behörden wieder ein Gesuch. Heiducoff fragte nun um die Genehmigung nach, an der Vorderseite des Cosel-Palaises ein großes Schild mit dem Schriftzug: „Palais Heiducoff" anbringen zu dürfen. Mit dieser Werbemaßnahme wollte er seine beiden Unternehmungen (Vermietung privater Zimmer und die Gastwirtschaft) noch bekannter machen.

Dieses Mal ließ sich die Königliche Sächsische Kreisdirektion Zeit mit ihrer Entscheidung. Denn zum gleichen Zeitpunkt ging eine gemeinsame Beschwerde privilegierter Dresdner Gasthofbesitzer ein. Diese hatten einen Advokaten beauftragt gegen die mittlerweile zweihundert Vermieter von „Chambre garnis" vorzugehen. Das Geschäftsgebaren des Herrn Heiducoff, dem eigentlich der Hotelbetrieb untersagt sei, sei kein Einzelfall. So wird auf das neben dem Rathaus am Altmarkt befindliche „Palais garni" verwiesen. Der Hauseigentümer vermiete die oberen Etagen an Fremde. Eine im Parterre befindliche Speisewirtschaft sowie Ställe und Wagenschuppen seien an einen Gastwirt untervermietet. So erhielten die Gäste die Möglichkeit im gleichen Hause Speise und Trank zu sich zu nehmen. Und damit werde die bisherige Konzessionspraxis bei der Vergabe zur „Gasthofgerechtigkeit" umgangen.

Ein Jahr später sah die Geschäftslage von Hermann Heiducoff nicht mehr so rosig aus. Schulden hatten sich angehäuft. In einem von den Gläubigern angestrebten Gerichtsprozess wurde er wegen Konkursverschleppung verurteilt. Das „Coselsche Palais" wurde am 8. Oktober 1847 zwangsversteigert.

Im März 1857 wohnte Heiducoff mit seiner Frau und sechs Kindern in der Großen Ziegelgasse 44. Damit er und seine Familie der Armenbehörde nicht weiter zur Last fielen, wollte er noch einmal eine Schank- und Speisewirtschaft eröffnen. Die dazu geeigneten Räumlichkeiten fand er in der Dresdner Neustadt auf der Fleischergasse 3. Doch er galt als vorbestraft. Trotz mehrerer Gesuche erhielt er nicht den erforderlichen Konzessionsschein. Für ihn gab es in Dresden keine berufliche Zukunft mehr. Am 28. April 1858 gab er im Rathaus seinen Bürgerschein ab.

Leichenräuber und Friedhofsschänder im 19. Jahrhundert

Grabschänder ziehen seit jeher Ekel, Empörung und Wut auf sich. „Habgier, Frevelmut und ein irregeleitetes Gemüt" machten auch im 19. Jahrhundert vor den „heiligen Stätten des Todes" in Dresden nicht Halt.

Ein solcher Skandal ereignete sich im Jahre 1829. Zunächst war es nur ein Gerücht, dass auf dem Dresdner Annenfriedhof eine Leiche geraubt worden sei. Eine Familiengruft sei aufgebrochen und ein vor kurzem dort bestatteter Sarg völlig ausgeraubt worden. Zunächst versuchte man die Geschehnisse totzuschweigen. Aber das nutzte nicht viel. Kein geringerer als der spätere bekannte Theaterdichter und Vizedirektor des Königlichen Hoftheaters Karl Gottfried Theodor Winkler (früheres Pseudonym Theodor Hell) brachte in seiner „Abendzeitung" einen kurzen Bericht über den Leichenraub. Nach den vielen Gerüchten beruhigten sich wieder die Gemüter der Dresdner. Dieser Zustand hielt aber nicht lange an, denn bereits drei Monate später ereignete sich ein ähnlicher Fall auf dem Eliasfriedhof. Nun war der dortige Stadtteil in helle Aufregung versetzt.

Die „Hohe Polizeikommissarii arbeiteten fieberhaft Tag und Nacht" um den Täter dingfest zu machen. Dieses Mal hatte der es sich einfach gemacht und in der Totenhalle die aufgebahrte Leiche einer alten Dame beraubt. Zu seiner Beute zählten Fingerringe und die Halskette. Weiterhin hatte er versucht „einen Teil ihres kostbaren Sterbekleides zu zerschneiden", um auch dieses wertvolle Tuch mitgehen zu lassen. Dabei wurde er vermutlich gestört und suchte das Weite.

Einem engagierten Nachtwächter war schließlich die Aufklärung dieser Taten zu verdanken. In einem Zeitungsartikel heißt es dazu: „Dieser mutige Mann versteckte sich eine Reihe von Nächten hintereinander auf den Annenfriedhofe hinter einem Grabdenkmal, und richtig, eines Nachts erblickte er zwei verdächtige Gestalten, die sich gewandt über die Friedhofsmauer schwangen, um dann auf den Fußspitzen nach einem entlegeneren Teile des Friedhofs zu schleichen, wo er die Öffnung eines frisches Grabes mit einem Pistolenschuß verhindern konnte. Bei der Flucht des einen Individiums fand man eine Ledertasche mit einem auffälligen alten Schloß. Die Polizei stellte fest, dass diese Tasche von einem Einbruch in das Fremdenzimmer eines Dresdner Hotels herrührte, und kurz darauf gelang es, einen stellenlosen Radknecht namens Strauß zu verhaften, der nach längerem Kreuzverhör schließlich zugab, dass er mit zwei anderen Spießgesellen, einem gewissen Schubert, der auf dem Annenfriedhofe dem Totengräber beim Ausschachten öfters mitgeholfen hatte, und einem Gelegenheitsarbeiter Kretzschmer die verschiedenen Leichenberaubungen ausgeführt zu haben."

Das gefasste Trio nannte sich „die Mondscheinbrüder" in Anspielung auf ihre ungewöhnliche „Arbeitszeit". Polizeiliche Ermittlungen ergaben, dass es noch einen Hehler gab, der sich aber rechtzeitig nach Böhmen abgesetzt hatte. Die gefassten Leichenräuber erhielten lange Zuchthausstrafen, die sie in Waldheim absitzen mussten.

Derartige Schauergeschichten hörte man auch um den Jahreswechsel 1850/51. Dieses Mal hatten es die Räuber auf die Grüfte des Trinitatisfriedhofes abgesehen. In einigen war eingebrochen und Särge aufgesprengt worden. Wiederum war der Totenschmuck die lukrative Beute. Dieses Mal konnte man die Leichenräuber schneller fassen. Wie es dazu kam, war in einem späterem Zeitungsbericht zu erfahren: „Ein als Sargtischler verkleideter Polizeibeamter belauschte eines Abends im sogenannten „Börnschen Viedchen", wie lange Zeit eine gemütliche Kaffeeklappe in der Pirnaischen Gasse hieß, das

Gespräch zweier angetrunkener Männer aus dem Fuhrmannsstande. Der Beamte witterte dahinter ein geplantes Verbrechen, verfolgte unauffällig die beiden nach dem Verlassen der Schänke, ermittelte ihr Quartier, und als ein starkes Polizeiaufgebot, unterstützt von Kommunalgarde, das ganze Haus durchsuchte, fand man darin eine Diebeshöhle. Jenes Haus lag in der heutigen Schäferstraße, und der größte Teil seiner damaligen männlichen Bewohner, mit Namen Scharrelmann, Goldberg, Däberitz und Brüder Schörnak, wurde verhaftet. Anfängliches Leugnen bei den Verhören erwies sich als zwecklos. Anhand der bei ihnen gefundenen Beweisstücke konnte ihre Beteiligung zweifelsfrei nachgewiesen werden. Die Verurteilung zu einer Zuchthausstrafe folgte unmissverständlich.

Der nächste Fall trug sich Ende der 1860er-Jahre zu. In Prag wurde ein Fotograf verhaftet, der früher in Dresden gelebt hatte. Aufmerksam war man auf ihn geworden, weil er zahlreiche Fotografien von Leichen besaß. Im Verhör gab er zu, „im Dienste einiger krankhafter reicher Ausländer" zu stehen, die einen sehr guten Preis für solche Aufnahmen zahlten. Durch Bestechung eines Wärters sei es ihm möglich gewesen, diese Aufnahmen auf dem Neustädter Friedhof zu machen.

Mitte der 1870er-Jahre schmückte ein Unbekannter die Gräber auf dem Neustädter und dem Trinitatisfriedhof ganz nach seinen eigenen Vorstellungen. Und da heißt es: „An einem schönen Novembertage fand der Friedhofswärter auf über einen Dutzend Gräber die dort als Zierde aufgestellten Engel und Putten mit Strohhüten geschmückt vor. Auch hatte man diesen kleine Pappnasen angeklebt, Larven aufgesetzt und einigen davon Schokoladenzigarren mittels eines Klebstoffes in den Mund gesteckt. Andere Figuren trugen Pompodoure, Halsketten, wieder anderen hatte man bei einem sich später wiederholenden ähnlichen Falle von Friedhofsschändungen alte Kochtöpfe und Bierkrüge übergestülpt."

Diese „originellen" Friedhofsschändungen sorgten bereits wenig später für ausreichenden Gesprächsstoff an zahlreichen Dresdner Stammtischen. Solange der Übeltäter nicht gefasst war, wurde es mit „einem lachenden und weinenden Auge" betrachtet. Anders sahen es aber die Friedhofswärter, die den Hinterbliebenen Rede und Antwort stehen mussten. Wieder hieß es, sich bei der Suche nach dem Übeltäter auf die Lauer zu legen. Der Friedhofinspektor fand in verkleideten Gendarmen eine wertvolle Unterstützung. Nach sechs Wochen gelang es ihnen schließlich, einen Mann festzunehmen, der gerade dabei war, einen Grabengel mit Farbe zu „verschönern". „Jener Friedhofsschänder war der sogenannte ‚verrückte Otto', ein ehemaliger Tischlergeselle, welcher sich später in vielen anderen Berufen probierte. So richtig kam er aber nie mit der Welt klar und wird später in die geschlossene Nervenheilanstalt auf den Sonnenstein nach Pirna gebracht.

Der Schreckenstag, als das Hoftheater niederbrannte

Dresden, Dienstag, den 21. September 1869. Eigentlich ein Tag wie jeder andere. So dachte man zumindest noch in den Vormittagsstunden. Während sich die Einheimischen zu ihren Arbeitsstellen begaben, wurde in den Hotels und Gasthöfen noch gemütlich gefrühstückt und überlegt, welche Sehenswürdigkeiten man heute ansehen könnte. Langsam begann das Leben in der sächsischen Residenzhauptstadt zu pulsieren.

Kurz vor zwölf Uhr läuteten die „Sturmglocken" der Stadt heftig Alarm. Damals war es noch üblich, dass der Kreuztürmer durch Anschlagen ein Feuer verkündet. Schwarze Rauchwolken schlugen aus dem Dachgeschoss des Hoftheaters. Gottfried Sempers Meisterwerk versank innerhalb von zwei Stunden in Schutt und Asche.

Ein Zeitzeuge erinnerte sich über fünfzig Jahre später an die dramatischen Ereignisse: „In rapider Schnelligkeit verbreitet sich die Flamme, immer größere Dimensionen annehmend, so dass die herbeigeeilten Spritzen, Rettungs= und Löschmannschaften ohnmächtig an dieser Riesenbrandstätte standen. Der dicke, tiefschwarze Qualm wälzte sich durch die Fenster aller Etagen, und dazwischen lohte die blutrote Flamme heraus, wachsend, wachsend, bis sie zu einem gigantischen Feuermeer sich gestaltete. Was gerettet werden konnte, wurde noch herausgeschafft, und Hunderte von Händen trugen, was zu bringen war. Musikinstrumente, Pauken, Violinen, Bassgeigen. Alles wanderte nach dem Hofe des Finanzhauses (an dessen und des damals noch stehenden Brühlschen Palais Stelle jetzt das Ständehaus steht), während auf offenen Platze rotgepolsterte Bänke, Sessel, Türen usw. lagerten, die, zerrissen und zerbrochen einen traurigen Anblick boten …"

Das Innenleben des Prachtbaus bestand aus Holz. So kann aus einem kleinen Feuer in Minuten ein Großbrand werden.

„Die Gewalt des Feuers war trotz des geringen Windes so groß, dass glühende Kohlen und glimmendes Notenpapier bis auf den Pirnaischen Platz flogen und dort von den Füßen der Passanten zertreten, die Trottoirs schwarz färbten. Das Landhausgässchen sowie der Hof des Landhauses selbst war mit Kohlen und Asche übersät. Da am Theatergebäude selbst nichts mehr zu retten war, so war die erste und notwendigste Sorge darauf gerichtet, dass das Museum, Hotel Bellevue und das Kgl. Schloß geschützt werden musste. Fortwährend arbeiteten die Wasserschläuche auf den Dächern.

Massenhaftes Publikum umlagerte den Feuerherd. Die Terrasse, die Terrassentreppe, die Hauptwache, die Brücke, der Zwinger und seine Umgebung, alles das war dicht mit Zuschauern besetzt, und Verletzungen an Kleidern und Hüten durch das Herabstürzen des Flugfeuers, glühende Kohlen usw. waren keine Seltenheit. Die Passage war vollständig gehemmt, selbst die entfernt liegenden Straßen, die nur irgendwie, wie die Brüdergasse, nach der Brandstätte führen konnten. Der Gang durch das Georgentor war fast unmöglich und Droschken, Equipagen, Omnibusse schwankten nur langsam durch die Menschenmenge.

Ursache des Brandunglückes ist die Unvorsichtigkeit eines Arbeiters gewesen. Die Klempnergehilfen Große und Junghanns hatten den Auftrag, in dem Bodenraum oberhalb des Kronleuchters transportable Gasschläuche zu verfertigen. Man bediente sich dazu u. a. des leichtentzündlichen Benzins, welches ebenso wie die flüssige Gummimasse der Gasschläuche einen üblen Geruch verbreitet. Um denselben durch einen besseren zu ersetzen, wollte Junghanns ein Räucherkerzchen mit einem Streichhölzchen anzünden. Das Streichhölzchen setzte sofort seine mit Benzin bedeckten Hände in Brand und entzündete auch die vor ihm liegenden frischgestrichenen Leinwandstreifen. Er suchte das Feuer durch Schütteln und Wischen zu ersticken, umsonst, es verbreitete sich mit rasender Schnelligkeit weiter. Die ganze Leinwand in dem Bodenraum fing Feuer und Junghanns, teils um sich zu retten teils wohl auch um Hilfe herbeizuholen, stürzte sich brennend die Treppe herab und eilte nach der Oelkammer, um in einen Oelkübel seine Hände zu löschen. Vom Theaterplatz, wo er ins Stadtkrankenhaus transportiert, um sofort in Untersuchung gezogen zu werden.

Der andere Beleuchtungsgehilfe, Große, wurde von den Ereignissen überrascht. Er arbeitete mit dem Rücken gegen seinen Kollegen gewendet, als ihm auf einmal die Gummimasse unter den Händen in Flammen aufging. Er kehrte sich um, sah die acht Ellen lange Leinwanddecke in hellen Flammen und nahm wahr, wie das Feuer gierig alles ergriff. Er stürzte aus den brennenden Raum, schrie da, wo das Ballett eine Probe abhielt, „Feuer", und arbeitete dann an der Rettung, so weit solche möglich war.

Das Personal des Balletts rettete sich, da die Flammen mit furchtbarer Hast gierig alles fraßen, größtenteils durchs Fenster: beschädigt ist niemand worden.

Eine Anzahl Arbeiter, die keinen anderen Ausweg weiter wussten, flüchteten sich auf den Balkon des ersten Stockwerks, woselbst sie an Seilen, die von der Feuerwehr nach oben geschleudert wurden, sich herabließen.

Was an Dekorationen im Theater war, ist vollständig ein Opfer der Flammen geworden, namentlich die künstlerisch schönen Vorhänge, die Maschinen, Versatzstücke und die Prospekte und Kulissen derjenigen Opern, welche laufend auf dem Repertoire waren, so wie die Meistersinger, der Hugenotten, der Armide, Undine usw.

Die Instrumente, die in der sogenannten Instrumentenkammer aufbewahrt wurden, sind vollständig verbrannt, besonders beklagt man den Verlust von mehreren Bässen, acht Waldhörnern usw.

Ein schwerer Verlust ist die Vernichtung der Rüstkammer mit ihrem kostbaren Inhalte. Die zum guten Teil historischen Waffen werden gar nicht wieder in dieser Weise zu ersetzen sein. Die Garderobe der Künstler und Künstlerinnen fiel ebenfalls den Flammen zum Opfer."

Der sächsische König Johann hielt sich an diesem Tag in Pillnitz auf. Gerade hatte er sich von den Hofschauspielern Winger, Meister und Walther verabschiedet, die ihn zur Theateraufführung am kommenden Sonnabend eingeladen hatten, die „zum Besten des Pensionsfonds" stattfinden sollte, als ihm zwei Eiltelegramme aus Dresden gebracht wurden. Ihm wurde mitgeteilt, dass das Hoftheater „unrettbar verloren sei". In größter Eile wurden die Wagen angespannt und in der „zweiten Stunde" traf er auf dem Theaterplatz ein. Vermutlich teilte er beim Anblick dieser Feuerkatastrophe die Befürchtung der herbeigeeilten Menschenmassen, dass auch die benachbarte Gemäldegalerie Opfer der Flammen werden könnte.

Von der Öffentlichkeit unbemerkt, fanden bereits erste Sicherungsmaßnahmen im benachbarten Gebäude statt. Sechzig Jahre später erfuhr man aus einem Leserbrief an eine örtliche Tageszeitung davon: „Als der Brand bekannt wurde, fand gerade eine Sitzung der

Galeriekommission beim Prinzen, späterem König Georg statt. Alle eilten sofort in Droschken nach dem ‚Museum', wie man damals das Galeriegebäude nannte, da man natürlich um die unschätzbaren Gemälde besorgt war. Hier beteiligte sich bereits mein Vater unter der Leitung des Galeriedirektors Schnorr v. Carolsfeld an der schnellen Bergung der Bilder.

Die Sixtinische Madonna wurde zuerst geborgen, innerhalb von fünf Minuten aus den Rahmen genommen und nach Saal F getragen. Nachdem sie in Sicherheit gebracht worden war, wurden die Gemälde aus den nach dem Theaterplatz liegenden Seitensälen des ersten Stockwerks in größter Eile in die Gänge, die Bilder der entsprechenden Erdgeschoßsäle in das Treppenhaus gebracht.

Soldaten von der nahen Hauptwache wurden teils zum Tragen der Bilder herangezogen, teils in den Sälen des zweiten Stockwerks, in jedem einer, aufgestellt.

In der Galerie ist glücklicherweise ein Sachschaden nicht entstanden, einige zerplatzte Fensterscheiben abgerechnet. In den Anlagen vor dem ‚Museum' war die Spritze des Trainbataillons aufgestellt, die die heiß gewordenen Fensterrahmen bespritzte. Die Spritzen vor dem Theater waren selbstverständlich der Bekämpfung eines derartigen Brandes nicht gewachsen."

Weit über Sachsens Hauptstadt hinaus wurde die Tragödie „schmerzlich empfunden". Der Verlust des von Gottfried Semper in den Jahren 1838 bis 1841 erbauten „Musentempels" bedeutete einen herben Rückschlag für das künstlerische Lebens Dresdens. Trauer und Klagen bestimmten die Berichte in den örtlichen Tagesblättern. Aber auch Zuversicht. Nach königlichem Beschluss erhielten die Mitglieder des Hoftheaters ihr volles Gehalt weiter und wurden zwei Monate in Urlaub geschickt. Weiterhin „hatte König Johann sofort aus eigenen Mitteln den Bau eines Interimstheater angeordnet". Dies wurde unweit der Brandruine, „in der Nähe des Teiches nahe der Großen Packhofstraße" errichtet. Nach einer sechswöchigen Bauzeit wurde es am 2. Dezember 1869 eröffnet.

Opernaufführungen in der Bretterbude

Der Brand der Oper hatte viele Dresdner schockiert. In den darauffolgenden Wochen wurde die Unglücksstätte eifrig besichtigt. Ein Zeitzeuge fasste seine Eindrücke in folgendem Satz zusammen: „Traurig starrten die schwarzen Brandruinen nach Tagen in den Himmel, und wie eine wehe Klage um verschwundene Pracht strich der Wind durch die leergebrannten Fensterhöhlen."

Während die sächsische Residenzhauptstadt noch unter Schock stand, begann man auf Anordnung von König Johann bereits mit Planungen und der Errichtung eines Interimstheaters. Der Landes- und Hofbaumeister Karl Moritz Haenel stand dem Zimmermeister Viktor Richter hilfreich zur Seite. Die gemeinsam errechneten Baukosten sollten 60.000 Taler betragen. Das abgebrannte Haus war mit einer doppelt so hohen Summe bei der „Magdeburger Feuerversicherungsanstalt" versichert. Langwierige Gerichtsprozesse waren zu erwarten, ob der Schaden überhaupt beglichen würde. Der Vorwurf der „groben Fahrlässigkeit" und eine fehlende Kontrolle durch die Theaterverwaltung standen im Raume. Bis das endgültige Urteil feststand, würde viel Zeit vergehen. Solange wollte man nicht warten. Um das kunstgesinnte Dresden aus seiner Depression zu holen, unterstützte König Johann den Bau des „Interimstheaters" mit eigenen finanziellen Mitteln.

Das Interimstheater entstand am Zwingerwall hinter den Ruinen der alten Oper. Im Volksmund bekam sie schnell den Beinamen „Bretterbude".

Am Donnerstag, den 2. Dezember 1869 wurde dieses Theater mit Goethes „Iphigenie" eröffnet. Die Theaterzettel nannten es „das Königl. Hoftheater in der Zwingeranlage". Die spottlustigen Dresdner bezeichneten die Notlösung aufgrund des äußeren Erscheinungsbildes schlicht als „Bretterbude". Als Eigentümer wird zunächst der Zimmermeister Richter genannt. Im Mai 1871 hatte es dann die Königliche Generaldirektion erworben. Und von der Inneneinrichtung des Interimstheaters wird berichtet: „Das Bühnenhaus, einschließlich der Garderobenräume, war 34,5 Meter breit und 22,6 Meter tief, die Proszeniumsöffnung 10,8 Meter breit und 34 Meter tief, war als Rundbau dem Bühnenhaus vorgelegt und fasste etwa 1800 Zuschauer. In der Anordnung der Plätze mit den vier Rängen im Amphitheater, Parkett und Parterre erinnerte es durchaus an das abgebrannte Theater, nur dass die Ränge amphitheatralisch sich aneinanderschlossen. Außer einem großen Kronleuchter mit 144 Flammen dienten noch dreiarmige Wandleuchter an zehn, den Zuschauerraum stützenden Säulen der Erleuchtung des Hauses.

Die Beheizung des Zuschauerraumes und der Bühne erfolgte durch Luftbeheizung, die der Garderobe durch Heißwasserheizung. Vorhänge und Doppeltüren hielten den kalten Luftzug ab, durch besonders angebrachte Oeffnungen war für ausreichende Ventilation gesorgt."

Aber auch dieses Interimstheater – trotz seines unscheinbaren Aussehens und „wie der Name besagte, nur zu vorübergehender Bestimmung der Musen bestimmt war" – schrieb Dresdner Theatergeschichte. Zum Beispiel wurde hier im Jahre 1870 Richard Wagners „Tristan und Isolde" erstmals in Dresden aufgeführt.

Im gleichen Jahr erhielt Gottfried Semper den Auftrag zur Errichtung eines neuen Königlichen Hoftheaters. Sein ältester Sohn Manfred wird diese Pläne in Dresden umsetzen. Am 27. März 1871 begann er mit dem Bau eines neuen Opernhauses auf dem Theaterplatz. Die feierliche Eröffnung erfolgte dann am 2. Februar 1878 mit Carl Maria von Webers „Jubelouvertüre".

Fast ein Jahrzehnt diente das „bretterne Interimstheater in den Zwingeranlagen als notdürftiger Behelf". Nun hatte es ausgedient und wurde abgetragen. Und es gab nicht wenige, welche die Abbrucharbeiten der „Bretterbude" mit etwas Wehmut verfolgten. Verständlich, denn „der Gesang und die Musik drangen durch dessen dünne Wände ins Freie". Allabendlich hatten sich deshalb „Zaungäste" eingefunden, die mit dieser billigeren Variante vom „Vergnügen eines Kunstgenusses" zufrieden waren.

Eine Auslese „komischer Inserate" aus den 1870er-Jahren

Es bereitet schon große Schwierigkeiten in kurzen und zusammengefassten Sätzen ein Anliegen zu formulieren. Insbesondere wenn man ein Inserat in den Tageszeitungen aufgeben will. Schließlich können radikale Kürzungen auch zu Missverständnissen und zweideutigen Auslegungen führen. Bereits Mitte der 1870er-Jahre sammelten satirische Wochenblätter besonders verunglückte Mitteilungen. Hier eine Auswahl aus jener Zeit:

„Wir ersuchen die hiesigen Einwohner hierdurch für die Abgebrannten in A. milde Liebensgaben abführen zu wollen, zu deren Einsammlung in den nächsten Tagen Rathsdiener in verschossenen Büchsen beauftragt sind.

Der Rath zu D.

Eine Frau zum Ausbessern ist für 5 Silbergroschen zu haben. Hier sind zu haben: Handschuhe für Herren von Bockleder.

Ein ehemaliger Privatier, starker Actionär der Dux=Bodenbacher sucht eine Stelle als Hausmann, Comissionär u.s.w.

In der Nähe von Schandau ist ein Gasthaus mit schwunghafter Fleischerei, wo alle Abend 20-30 Gäste, und alle Wochen ein Schwein und ein Rind geschlachtet wird, billig zu verkaufen.

Auf einem Gute ist die herrschaftliche Milch zu verkaufen.

Leute, die ihre Knochen verkaufen wollen, können dieselben an der Mauer loswerden.

Die gestern stattgefundene Geburt meiner Frau von einem gesunden Jungen zeigt hiermit Freunde und bekannter an.   L. König

Eine Nachtigall ist wegen Schlaflosigkeit zu verkaufen.
Ein Esel zum Reiten gesucht.

Eine junge Wittwe sucht eine Stelle als Jungfer, was sie bis zu ihrer Verheirathung gewesen war.

Zur Erziehung zweier Kinder wird eine Französin gesucht. Eine geborene erhält den Vorzug.

Ein Schweizer, der die Käserei gründlich kennt, bietet sich als solcher an …"

Ein stets mit guten Zeugnissen ausgewiesenes Mädchen wünscht in derselben Eigenschaft einen Posten.

Ein Wagen ist zu verkaufen, in welchem man 14 Tage fahren kann, ohne geschmiert zu werden.

Eine gutgesinnte, national=liberale Wäschefrau kann die ganz schmutzige Wäsche, ihrer Partei zum Reinigen erhalten. Offerten unter E.S.E.L poste restante Leipzig.

Ein älterer Herr, der sich zu verheirathen gedenkt, sucht einen vernünfthigen Freund, der ihn davon abhält.

Ein Hut wurde im betrunkenen Zustande liegen gelassen in der Restauration von Dünnebier.

Von Michael 1876 an ist in der Lüttichnaustraße eine schöne Wohnung durcheinander laufenden Zimmern zu verkaufen.

Der Pelz von einem Kinde wurde verloren.

Bitte, Ein zahlreicher, aus neun Köpfen bestehender Familienvater bittet um eine Unterstützung …"

Belassen wir es bei dieser bescheidenen Auswahl. Und mal ganz ehrlich. Solche sprachlichen Stilblüten finden sich auch heute ohne lange zu suchen.

Das Geschäft mit dem außergewöhnlichen Aussehen

Viele Jahrhunderte war die Zurschaustellung von Personen mit besonderen Eigenschaften oder Aussehen ein lukratives Geschäft. Bis zum Augustinischen Zeitalter waren es für die Bewohner der sächsischen Residenzhauptstadt hauptsächlich Personen, die sich durch Zwerg- oder Riesenwuchs auszeichneten. Man fand sie oft auf den Jahrmärkten, wo sich diese Unglücklichen vorführen ließen, weil sie keine andere Erwerbsmöglichkeit sahen. Obwohl sie als „Attraktion" viele Schaulustige anlockten, war ihre Gage zumeist karg. Kündigten ihre Auftritte über lange Zeit Marktschreier und dann handgeschriebene Plakate an, übernahmen dann die aufkommenden Tageszeitungen diese Funktion.

So ist am 13. Juli 1701 in den in München gedruckten „Post=Zeitungen" folgendes aus „Dreßden" zu erfahren: „Hier ist etliche Tage ein Vilfraß gewesen/ dessen Mutter/ von Prag gebürtig/ sich an einem Wolff versehen; dieser Kerl kann 2 schaffen mit Fell und rohem Fleisch auff fressen/ desgleichen er auch Hunden und lebendigen Katzen thut; wann er sich aber sättigen will/ so verschlucket er Steine/ und frisst Wärck dazu/ so gar/ dass man die Steine im Verschlucken zusammenklappen höret; man hat ihre auffs Rath=haus geführet/ und recognosciert/ ob es auch natürlich zugehe/ so also befunden worden."

Eine Woche später wird wiederum aus der bayrischen Königshauptstadt berichtet: „Der jüngst gedachte Vilfraß/ welcher sich etliche

Wochen in dem Töplitzer=Bade für Geldt sehen lassen/ hat bey dem Magistrat umb Erlaubnuß gebetten/ dass er sich etliche Monath allhier aufhalten möchte/ welches ihme aber abgeschlagen.

Seinem Bruder/ welcher die Mutter fressen wollte/ den aber die dazu kommenden Leuthe darvon gehindert hatten/ seynd in Prag beyde Augen ausgeschlagen worden. Ja man gibt auch diesem die Schuld/ in Böhmen 2 kleine Kinder gefressen/ weil sie beide wegekommen/ und man hat erfahren können/ er vergriffe sich an Menschen nicht/ und wüste wohl was er thäte/ seine Mutter aber müsste noch sein Labsal seyn/ weil ihn diese/ da sie einstens von einem Wolff gefressen/ gantz teufflich verwahrloset hatte ..."

Johann Christian Hasche berichtete in der „Umständliche Beschreibung Dresdens mit aller seinen äußeren und inneren Merckwürdigkeiten" über folgende Episode aus dem Jahre 1722: „Amerikanische Königliche Prinzen, die ein englischer Schiffskapitän, als seine Gefangene herumführte und für Geld sehen ließ. Ihre Haut war gemahlt, und mit verschiedenen Karaktern eingebrannt."

Vermutlich machten die Dresdner hier ihre erste Bekanntschaft mit Indianern. Über drei Jahre begeisterten sie je nach Engagement das Publikum in den damaligen Gasthöfen „Goldene Krone" innerhalb der Stadtmauern und „Rother Hirsch" in der Pirnaischen Vorstadt. Jene Akteure ließen sich im Evangelium unterrichten und wurden publikumswirksam im Oktober 1725 in der Kreuzkirche getauft. Hasche berichtet weiter, dass August der Starke jene illustre Gesellschaft vom reisenden Engländer abkaufte und sie seinem Hofstaat angliederte. Später wurden sie als Geschenk an die russische Kaiserin weitergereicht.

Über ein Jahrhundert später ergab sich erstmals die Möglichkeit, sich mit asiatischen Gewohnheiten vertraut zu machen. Daniel Taggesell vermeldet unter dem 21. Oktober 1852: „Ein Chinese Namens Chang=Atai mit seiner Familie, aus Canton gebürtig, eröffnet im Hôtel de Petersbourg am Neumarkt, 1. Etage, einen ‚Chinesischen Salon', bestehend aus einem Museum häuslicher Einrichtungen,

Waffen, Trachten, Gemälden und sonstigen Merkwürdigkeiten. Es ist die erste chinesische Familie, welche nach Dresden bez. Deutschland gekommen sein soll."

Ob jene chinesische Familie vom Hotelbesitzer engagiert war, oder sie als Reisende auf eigene Rechnung arbeiteten, ist nicht überliefert. Anders sieht es in einer Eintragung vom 28. August 1885 aus. „Vormittags treffen unsere neugewonnenen Reichsbrüder aus dem Zululande wohlbehalten im hiesigen ‚Feldschlösschen' ein." In einer folgenden langatmigen Erklärung verfasste ein Professor die „einladende Beschreibung". Jene „dunkelfarbigen Eingeborenen" gehörten zu den südöstlichen Völkern Afrikas. „Die Hautfarbe ist nicht schwarz, sondern Kaffeebraun, die Gesichtsbildung ist regelmäßiger, edler als bei dem Neger, das Untergesicht springt nicht so vor, die Lippen sind nicht so aufgeworfen, die Nase nicht so abgeplattet" verrät er. Und er vergaß auch nicht zu erwähnen, dass sich unter den hochgewachsenen und schlanken Frauen auch eine Prinzessin befand, welche Wert darauf legte, mit „Kgl. Hoheit" angesprochen zu werden. In der Zulusprache wurde sie mit „Adzc-Mwoula" angesprochen. Eine damalige deutsche Übersetzung lautete „Schick' uns den Regen".

Bereits in zehn deutschen Städten hatte die zusammengetrommelte Schauspielgruppe gastiert. Mit mehr oder weniger Erfolg. Bei ihrer Ankunft auf dem damaligen Berliner Bahnhof in der Friedrichstadt äußerte die vorgenannte Prinzessin „It is very cold in Saxony." So sah es auch ein zeitgenössischer Chronist und hoffte in Anspielung an die deutsche Übersetzung ihres Namens, dass jene afrikanische „Hoheit" nicht noch mehr regnerische Tage bringen möge. So sehnte sich die Truppe zunächst nach einem wärmenden Zimmer. Denn bereits am Ankunftstag um drei Uhr nachmittags sollten sie ihre erste Vorstellung im Ballsaal des „Etablissement Feldschlößchen" geben. Der damalige Besitzer Friedrich bemühte sich, seine Gäste wieder in bessere Stimmung zu bringen. Nicht alle Gänge des von ihm zusammengestellten Menüs fanden das Wohlgefallen. So ist über deren Ernährungsgewohnheiten folgendes zu erfahren: „… Mit Vorliebe genießen sie europäische Kost – nur von Fisch,

Geflügel und Schweinefleisch haben sie Aversion – bei das Bier eine Hauptrolle spielt. Von den Champignons in der Suppe wollten sie nichts wissen, und der in englischer Sprache gegebenen Bemerkung: ,Pfui, das sind schwarze Thiere, die mag der Europäer essen', schoben sie das Gericht zur Seite …"

Nachmittags um drei Uhr begann dann die erste Vorstellung im großen Saal. In den Zwischenpausen spielte eine Militärkapelle. Für beide versprochenen Attraktionen brauchte man aufgrund der Lautstärke und den ungewöhnlichen Kriegergesängen gute Gehörnerven. So sah es ein zeitgenössischer Reporter und beschreibt anschließend die Vorstellung der afrikanischen Schauspieltruppe: „Als Waffen führen sie Wurfspieße (Assegais) und Keulen, mit denen sie sehr geschickt zu werfen verstehen, Auf einer im Saale aufgestellte Scheibe erzielten sie mit dem Assegai, der s. Z. bei dem Massacre des 24. Engl. Regiments bei Issamdlawhama eine große Rolle spielte, meist Treffer in das Schwarze. Ovale hohe Schilder von roher Ochsenhaut, an einem langen Stock befestigt, vollenden die Ausrüstung des Krieges, der sich durch allerhand phantastische Zierden, wie Straußenfedern, weiße langhaarige Fellstreifen um Arme und Beine, Büschel von geringelten Ochsenschwänzen um die Hüften, ein Wildes Aussehen verleiht.

Während die Krieger aus Weidenstöcken und Stroh in kurzer Zeit ein Paar Hütten herstellten, ließ Prinzeß Amazulu, eine üppige, wohlgekleidete Gestalt, im Gefühle ihrer Würde von den Blicken des Publikums mustern. Wie die Herren Unternehmer versicherten, zeigt sich die braune Schöne herablassender, sobald sie sich an das Publikum gewöhnt hat.

Betten, Waffen, Werkzeuge ec. wurden nach Ausführung verschiedenartiger Gesänge den Zuschauern vorgeführt, die mit den Gebotenen sehr befriedigt waren…" In den kommenden Wochen waren zweimal täglich diese ungewöhnlichen Vorstellungen zu erleben. Der Eintritt kostete 50 Pfennige.

„Das häusliche Glück" –
Wohlgemeinte Ratschläge aus den 1880er-Jahren

Ein unscheinbares Taschenbuch mit dem langatmigen Untertitel: „Vollständiger Haushaltungsunterricht für alle Frauen und Mädchen, welche ‚billig und gut' haushalten lernen wollen, nebst einer Anleitung zum Kochen und allerlei gemeinnützigen Rezepten, auch eine Belehrung über die erste Pflege und Erziehung der Kinder" gibt Ratschläge, die uns heutzutage unwirklich erscheinen. Und doch ist es erst 130 Jahre her, dass eine „Commission des Verbandes Arbeiterwohl" meinte, junge Frauen dermaßen belehren zu müssen. Bereits im Vorwort wird die Zielgruppe benannt: „Während die höheren Stände eine ganze Reihe guter Haushaltungs- und Kochbücher zur Auswahl haben, gab es bisher kein einziges für Hausfrauen aus weniger bemittelten Ständen."

Der Ratgeber enthält neben zahlreichen praktischen Tipps für die täglich anfallenden Arbeiten im Haushalt auch Empfehlungen, um den häuslichen Frieden zu bewahren.

Mahnwort eines Seelsorgers an junge Hausfrauen

Es ist wohl noch nicht lange her, meine Tochter, daß du im Brautschmuck an deines Mannes Arm aus der Kirche zum ersten Male als Frau dein Haus betreten. Der Segen Gottes war im Hause des Herrn reichlich über dich ausgegossen und du fühlest dich überglücklich, voll der schönsten Hoffnungen. Sind deine damaligen Hoffnungen von dem geträumten, häuslichen Glücke in Erfüllung gegangen? – Mußt du hier mit einem traurigen „Nein" antworten, dann schiebe die Schuld daran, daß sie unerfüllt geblieben sind, ja nicht auf besondere Verhältnisse oder gar auf deinen Mann; sie liegt ganz gewiß an dir selber, weil es dir entweder an den nöthigen Kenntnissen, oder an den zur Begründung des häuslichen Glückes nothwendigen Tugenden gefehlt hat. Doch lasse deshalb den Muth nicht sinken! Was dir noch fehlt, das kannst du noch werden. Dies Büchlein will dir ja helfen, die dir noch mangelnden Tugenden zu erwerben! Drum will ich dir die wichtigsten derselben hier vor Augen stellen.

Befolgst du meine Mahnworte, dann wirst du das gewünschte häusliche Glück ganz sicher erlangen.

Sei vor Allem gottesfürchtig und fromm!

und suche auch im Herzen deines Mannes stets die Gottesfurcht zu wecken. „An Gottes Segen ist Alles gelegen," ohne ihn kannst du kein Glück und keine Zufriedenheit finden, du magst es anstellen, wie du willst. Mögen Andere noch so viel auf Geld und Gut und eigene Kraft vertrauen, halt' du dich immer treu an deinem Gott. Von ihm kommt alles Gute, er hat ein Wohl und Weh', Gesundheit und Krankheit. Alles ganz in seiner Hand. Drum befolge stets dem Rath: „Mit Gott sang an, mit Gott hör' auf!"

Beginne Alles, das Kleine wie das Große nur „mit Gott"; jeden neuen Tag, jede schwere Arbeit, jede ernste Sorge – fang' sie an „mit Gott", d. h. mit Gebet. Vergiß doch nie dein tägliches Gebet! Bete kurz, wenn du wenig Zeit hast, aber stets mit Andacht und – wenn's nur immer möglich – mit deinem Manne zusammen. Hör nicht auf, ihn zu bitten und mit all' deiner Liebe zu drängen, daß er doch jeden Morgen und jeden Abend mit dir niederkniet zu gemeinschaftlichen Gebet, und nicht zum Tische hintritt oder davon aufsteht, ohne sich zum Gebet zu erheben. Thue auch dein Bestes, deinen Mann zu bestimmen, mit dir zusammen pünktlich zur Kirche, fleißig zur Predigt und regelmäßig zum Tische des Herrn zu gehen.

Die gemeinschaftliche Erfüllung der religiösen Pflichten schlingt das frische Band um zwei liebenden Herzen und macht ihre Zuneigung heilig und unzerstörbar, während blos sinnliche Zuneigung gar leicht und gar bald zerfällt. So lange ihr Beide gottesfürchtig und fromm bleibt, kannst du sicher sein, daß Gott euch nie verläßt und deines Mannes Herz dir nie entfremdet wird.

Hege stets die rechte Liebe zu deinem Manne!

Du suchst vergebens nach Glück, wenn du die Liebe zu deinem Manne in dir erkalten lässest; die rechte Liebe zu ihm ist und bleibt der Stern deines häuslichen Glückes. Aber du klagst vielleicht schon, daß dein Mann jetzt nicht mehr so liebevoll gegen dich wäre, wie früher. Ist's wahr – dann sieh zu, ob die Schuld nicht wiederum an dir selbst liegt. Nicht wahr, im Anfange trug der Mann dich auf den Händen, that Alles, was er dir an den Augen absehen konnte, schlug dir nie eine Bitte ab, erfüllte all' deine Wünsche, lobte Alles, was du getan, freute sich über Alles, was du thatest, – das schmeichelte dir, das gefiel deiner Eitelkeit, das ließest du dir Alles gern gefallen; aber – wie hast du dich gegen ihn benommen, wie hast du seine Wünsche berücksichtigt, seine Bitten erfüllt, was thatest du, um ihm Freude zu machen? Alles ebenso bereitwillig und eifrig, wie er dir?

Die Liebe ist nur dann dauerhaft und beständig, wenn sie auf beiden Seiten gleich ist. Ist die Frau stets begierig, Liebesbeweise zu empfangen, aber karg, um solche zu erwiedern, dann muß auch die stärkste Liebe im Herzen des Mannes allmählich erkalten. Machst du also den Anspruch an deinem Mann, daß er immer zuvorkommend, immer freundlich und sanft, immer deinen Bitten willfährig sei, während du dir nur wenig Mühe gibst, ebenso gegen ihn zu sein, dann brauchst du dich über die Aenderung in dem Benehmen deines Mannes nicht zu wundern. Auch du mußt stets die rechte, die wahre Liebe üben, nicht selbstsüchtig, nicht unbescheiden sein, sondern selbstlos die eigenen Wünsche zu erfüllen, selber auf Bequemlichkeit verzichten, um sie dem Manne zu verschaffen, selber immer gerne entbehren, um dem Mann eine Freude zu machen. Hast du nicht Geld genug, um für euch Beide ein Stück Fleisch zum Mittag zu bereiten, dann verzichte du darauf, aber besorge eins für deinen Mann, der es bei seiner schweren Arbeit nöthig hat, - wenn du auch in der Folge dessen auf das schöne Tuch, auf den neuen Hut, nach dem du verlangst, noch etwas länger warten mußt. Bleibe immer anspruchslos und bescheiden. Aeußere keinen Wunsch, von dem du weißt, daß es deinem Manne schwer wird, ihn zu erfüllen; belästige ihn nicht mit Klagen, wenn du weißt, daß er dir nicht helfen kann; verlange nicht immer Lob und Anerkennung für das, was du ja pflichtmäßig thust und gräme dich auch nicht, wenn du einmal Tadel hörst, wo du Beifall erwartet hast.

So macht's die rechte Liebe. Sie geht aber noch weiter, sie ist auch, wie der Apostel sagt, „geduldig, sie verträgt Alles, sie glaubt Alles, sie duldet Alles"; willst du sie also üben, dann

Ertrage die Fehler deines Mannes mit Geduld!

Du selber bist doch wahrlich auch nicht ohne Fehler, dein Mann muß doch oft genug auch mit denen Schwächen Geduld haben. Wie kannst du da gleich so unwirsch, so schnell verletzt, so bitter gekränkt sein, wenn er einmal in der Uebereilung ein liebloses Wort gebraucht hat! Er hat nun einmal den Fehler, schnell aufgeregt und heftig zu werden, besonders wenn ihm auf der Arbeit oder sonstwo etwas Verdrießliches begegnet ist; – warum willst du nun gleich grollen, wenn er in solcher Stimmung sich auch einmal gegen dich vergißt? Es ist nicht bös gemeint, und er macht es gewiß auch schnell wieder gut, wenn du das kränkliche Wort geduldig hinnimmst. Antwortest du ihm dann aber sofort ebenfalls mit bitteren, kränkenden Worten, dann ist alsbald ein trauriger Zwist vorhanden und der Glücksstern der Liebe oft für längere Zeit von einer schwarzen Wolke verhüllt. Hüte dich aber, jemals über die Fehler deines Mannes mit Anderen zu sprechen. Auch deiner vertrautesten Freundin darfst du sie nicht verrathen, sonst ist es um deine Geduld für immer geschehen. Sind sie ohne dein Zuthun bekannt geworden, dann suche sie doch stets zu entschuldigen, wenn sie dir auch noch so schmerzlich sind. Trage dies Leid ganz allein und still für dich, klag' es nur Gott und suche nur bei ihm deinen Trost.

Auch größere und schlimme Fehler des Mannes sollst du mit Geduld ertragen und in Liebe zu bessern suchen. Bleibt der Mann des Abends länger aus, als dir lieb ist, länger im Wirthshaus, als es sich schickt, dann bezähme doch ja deine Ungeduld und beherrsche deinen Unwillen. Machst du es in diesem Falle wie so viele unvernünftigen Frauen und fängst gleich an, den Mann mit den bittersten Vorwürfen zu überhäufen, oder gar Schimpfworte zu gebrauchen, dann besserst du ihn niemals, sondern machst das Uebel immer schlimmer. Zeigst du dich aber blos betrübt über solchen Leichtsinn, mahnst und bittest du ihn nur mit sanften, liebevollen Worten, dann kannst du ihn leicht von diesen traurigen Fehlern abbringen, wenn du nur stets besorgt bist, daß ihm seine Häuslichkeit angenehm wird und daß ihm nichts lieber ist, als seine Frau. Bist und bleibst du ihm unentbehrlich, dann wird er nicht zu sehr nach dem Wirthshause verlangen und auch nicht leicht zu lange drin verweilen. Damit du aber deinem Manne stets so lieb und werth bleibest,

Sei immer aufrichtig und offen gegen ihn!

Vor deinem Manne darfst du kein Geheimniß haben, er muß immer in deinem Herzen bis auf den Grund schauen können. Bist du traurig, – dein Mann muß wissen warum; bist du ängstlich, – dein Mann muß wissen weßhalb; bist du hastig und eilig, – dein Mann muß wissen, aus welchem Grunde, andernfalls entstehen eine Menge von Mißverständnissen und schlimme Launen, welche die Liebe und auch den Frieden gar schnell zu Grabe tragen. Bist du unwohl und siehst du, daß dein Mann sich ärgert, weil du Alles so langsam und nachlässig thust, so zerstreut und vergeßlich bist, so sei doch nicht so stumm und sag' ihm offen den Grund, ohne dabei zu klagen, dann ist der Aerger beseitigt. Hast du ein Unglück gehabt, etwas Theures zerbrochen und fürchtest den Unwillen des Mannes, dann such' es doch nicht zu verheimlichen, sag' es offen und auf der Stelle; denn wenn er's später doch erfährt, so zürnt er um so mehr, weil du es ihm verheimlichst. Hast du überhaupt durch irgend einer Veranlassung deine gute Laune verloren und bist mißmuthig geworden, dann erzähle deinem Manne, was vorgefallen, damit er deine böse Laune nicht anders deute und kein Mißtrauen entstehe. Sei in allem offen, aber auch immer aufrichtig! Dein Mann muß wissen, daß er auf das Wort seiner Frau unbedingt bauen kann. Drum halte dich immer streng an die Wahrheit, ohne Hintergedanken, ohne etwas zu verdrehen oder zu entstellen, meide ängstlich jede Lüge und jedes Heucheln! Vor Allem sei aufrichtig in Geldangelegenheiten! Mache keine noch so kleine Ausgabe hinter dem Rücken deines Mannes. Lüge und betrüge ihn niemals, wenn du auch noch so gute Absicht dabei hast. Gib ihm aufrichtig Rechenschaft, wenn er es wünscht, sogar über den Pfennig. Bekommst du zu wenig Geld, um die Bedürfnisse der Haushaltung zu bestreiten, dann überzeuge ihn, weshalb es zu wenig, zeige ihm, was noch nothwendig ist und warum es nothwendig, suche ihn durch Bitten und Zuvorkommenheit freigebiger zu machen; gelingt dir aber das nicht, dann beuge dich vor dem Willen des Mannes in Gehorsam und Ergebung, dulde diesen Mangel, als daß du durch Zorn und Zank deinen Willen durchzusetzen versuchst. In keinem Falle aber suche dir durch Lüge und falsche Vorstellung zu helfen, die erschüttern das Vertrauen und machen argwöhnisch. Mißtrauen gegen dich und falscher Argwohn im Herzen deines Mannes müßten dir doch gewiß furchtbar bitter sein; – nun wohl, dasselbe auch für dein eigenes Herz, drum

Lasse niemals Argwohn in dir aufkommen!

Sonst ist's mit deiner Zufriedenheit und deinem häuslichen Glück mit einem Mal und vielleicht sogar für immer aus. Der Mann erträgt schon leicht ein kränkend Wort und auch manche Unart im Benehmen, indem er denkt: es war unüberlegt und nicht so schlimm gemeint, aber falschen Argwohn erträgt er nie; der verwundet seine Liebe tödtlich. Deshalb gibt er sich auch selten die nöthige Mühe, den falschen Argwohn zu widerlegen. Je mehr er sich unschuldig weiß, desto weniger sagt er zur Aufklärung, weil er es unter seiner Würde hält, sich vor seiner so undankbaren und lieblosen Frau, die er so innig geliebt und die jetzt ohne Grund so schlecht von ihm denkt, zu rechtfertigen. Es ist das Schweigen des Mannes in solchem Falle gewiß nicht zu billigen, aber leider ist es so in den meisten Fällen und nur zu oft ist das schrecklichste Unglück in der Ehe einzig durch den bösen, falschen Argwohn der Frau entstanden. Die rechte Liebe kennt keinen Argwohn. Der Apostel sagt es: „die Liebe eifert nicht, stellt sich nicht ungeberdig, sucht nicht das Ihre", und er fügt noch hinzu „sie läßt sich nicht erbittern", das heißt: sie ist sanftmüthig und friedfertig. Um den lieben, schönen Frieden dreht sich aber alles häusliche Glück; deshalb möchte ich dir noch besonders dringend anempfehlen:

Werde immer friedfertiger und sanftmütiger!

Bei dieser Mahnung, nimm es mir nicht übel, meine Tochter – muß ich dir zunächst zwei Lieblingsfehler der Frauen zeigen, welche die

Todfeinde des häuslichen Friedens sind. Der erste heißt Herrschsucht. Gar manche Frauen sind nicht damit zufrieden , über Essen und Trinken, Möbel und Geschirre, Kleider und Wäsche zu regieren, sie wollen Alles und auch – den Mann selber beherrschen; er soll sich nicht blos ihren Wünschen, sondern sogar auch ihren Launen unterwerfen. Das ist aber die völlige Umkehr der von Gott gesetzten Ordnung. Der Mann ist das Haupt der Familie, er ist Herr im Hause und muß als solcher auch von seiner Frau stets anerkannt und geachtet werden. Er kann und darf es nicht ertragen, sich von der Frau beherrschen zu lassen und ist deshalb auch höchst eifersüchtig darauf bedacht, seine Stellung als Herr im Hause zu bewahren. Nur zu oft wird er von seinen Freunden dazu gemahnt; lehnt er ihnen z. B. die Einladung mit in's Wirthshaus zu gehen, ab, um bei dir zu bleiben, oder geht er schon früh aus ihrer Gesellschaft weg, dann muß er sofort den Spott hören: er stehe unter dem Pantoffel seiner Frau. Das merke dir gut und zeige dich niemals herrschsüchtig und anmaßend! Vermeide auch den Schein der Herrschsucht, sprich nie: „ich will das so," sondern kleide deinen Willen in die Form eines Wunsches und sage immer: „ich wünsche das so". Auf diese Weise kommst du viel schneller zum Ziel und erlangst unvermerkt einen großen Einfluß auf deinen Mann; und das steht dir auch zu. Du sollst ja recht viel, Alles bei ihm vermögen, um ihn zu bessern und zu veredeln, um die Gottesfurcht und den häuslichen Sinn beständig in ihm zu wecken. Mit Bescheidenheit gelingt dir das leicht, mit Anmaßung nimmermehr.

Der zweite Lieblingsfehler der Frauen ist die Rechthaberei. Immer das letzte Wort haben zu wollen, ist ein häßlicher Charakterzug, es zeugt von Eigensinn und Trotz und widerstrebt der Sanftmuth, der schönsten weiblichen Tugend ganz und gar. Nachgiebig sein, auch wenn man Recht hat, ist nicht entehrend, sondern edel und klug. Du vergibst dir nichts, wenn du zugibst, daß du Unrecht haben kannst, im Gegentheil – du steigst dadurch in der Achtung deines Mannes, zumal wenn er später sieht, daß er selbst im Unrecht war; drum sei nicht rechthaberisch, sondern nachgiebig! bestehe nie hartnäckig auf deinem eignen Sinn und Willen, wenn du auch überzeugt bist, daß deines Mannes Ansicht verkehrt ist.

Sobald du merkst, daß er sich eigensinnig dran festhält, dann sei du die Klügste und gib nach. Freilich gibt es auch Dinge, in denen du nie nachgeben darffst. So oft es sich um etwas sittlich Böses handelt, mußt du unbeugsam bleiben. Nie darffst du um den Preis einer Sünde den häuslichen Frieden erkaufen wollen. Deine weibliche Würde mußt du ebenso hoch halten, wie der Mann seine Rechte. Werden z. B. in deiner Gegenwart unpassende, leichtfertige Reden geführt, so darffst du nicht nachsichtig sein, du mußt dagegen auftreten und sie mit allem Ernst dir verbitten. Sollte das nicht helfen, dann entferne dich ohne Rücksicht auf die Anwesenden, selbst auf die Gefahr hin, den Anstand und die Gastfreundschaft zu verletzen.

Wenn nun aber trotz all' meiner Willfährigkeit, Bescheidenheit und Nachgiebigkeit, – so denkst du vielleicht, – der Mann doch bei jeder Kleinigkeit aufbraust, ihm nie etwas recht geschieht, – wie kann man denn da noch den Frieden bewahren? Sehr gut, antworte ich, und zwar mit Sanftmuth und Geduld. Zum Zanken und Streiten gehören immer zwei. Wenn dein Mann aufbraust und zornig wird, dann bleibe du ruhig und suche ihn in Liebe zu besänftigen, so entsteht kein Zank, – wenn er lieblos wird und dich beleidigt und kränkt, dann beherrsche dich, grolle nicht, vergib und vergiß, so wird jeder Streit vermieden. Bist du wirklich friedfertig und ist deine Liebe echt, dann lässest du dich auch durch Beleidigung nicht erbittern, denkst nicht daran, sie zu erwidern und bleibst trotz der erlittenen Kränkung ebenso zuvorkommend und liebevoll, wie früher. Das beschämt den Mann, das führt ihm sein Unrecht nicht blos vor Augen, sondern zum Herzen und bessert ihn schnell. Aber wehe! Wenn du dich nicht beherrschen gelernt hast und statt sanftmüthig zu sein, ebenso schnell aufbrausest, wie dein Mann. Kommen Feuer und Pulver aneinander, dann gibt's Donner und Verwüstung. Das laute Getöse eines Streites geht wohl bald vorüber, aber die Verwüstung, die er in den Herzen anstiftet, ist meist schwer zu beseitigen.

Drum hüte dich doch ja vor dem ersten Streite und sollte der schon längst vorüber und vielleicht schon ein zweiter, dritter gefolgt sein, dann suche doch jedes Andenken daran zu vertilgen. Hüte dich sorgfältig, jemals an einem früheren Zwist zu erinnern oder jemals deinem Manne frühere Fehler vorzuwerfen. Das wäre nicht friedfertig, das wäre ein frevelhaftes Spiel um das häusliche Glück.

Hiermit könnte ich, meine Tochter, eigentlich mein Mahnwort schon schließen, weil die noch nicht berührten Tugenden des Fleißes, der Sparsamkeit, der Reinlichkeit und der Ordnungsliebe so selbstverständlich zur Begründung des häuslichen Glückes sind und so oft und ausführlich in diesem Buche behandelt werden, daß du nicht noch besonders über ihre Nothwendigkeit belehrt zu werden brauchst. Doch du mußt auch wissen, daß du von Gewissens wegen zur Uebung dieser Tugenden verpflichtet bist. Drum laß' mich als Seelsorger dir noch weiter zurufen:

Verrichte deine Arbeit mit Fleiß und stets unverdrossen.

Eine rauhe Arbeitshand ist für eine Hausfrau ein schönerer Schmuck, als goldene Ketten und glänzende Armbänder. Darum liebe deine Arbeit, welche die Hände rauh, aber die Seele froh und heiter macht, „Fleiß" sei dein tägliches Losungswort. Rege Arme und Hände zu rastlosem Schaffen: und gebrauche zur Arbeit auch stets deinen Kopf und Verstand, den Gott dir gegeben, dann bleibst du munter und zufrieden. Arbeitest du träg und mit Widerwillen, dann flieht der Frohsinn aus deinen Herzen und die Freude schwindet aus deinem Auge; der Mißmuth hält seinen Einzug in dein Haus und der Müßiggang öffnet deine Thüre nicht blos dem Laster sondern auch der Armuth.

Müßiggang und Arbeitsscheu bei der Frau verzehren allen Wohlstand, zerstören den Frieden und alles häusliche Glück, sie schaffen nur eins; sie nähen den Bettelsack. – Ganz dieselbe schlimme Folge hat aber auch die Verschwendung, drum

Befleißige dich in Allem der Sparsamkeit!

Sollte dein Mann je arbeitsscheu werden und sich dem Müßiggang hingeben, dann müßtet ihr Beide hungern. Der Fleiß des Mannes ist die Voraussetzung für deine Arbeit.

Er muß dir das Brod in's Haus, die Nahrungsmittel in die Küche schaffen; du aber mußt durch deine Sparsamkeit die Butter zum Brod, das Fleisch in den Topf schaffen. Wie du das kannst, lehrt dich dies Buch an vielen Stellen und daß du es mußt, lehrt dich dein Gewissen. Verschwenderisches Haushalten, leichtsinniges Geldausgeben von deiner Seite wäre Diebstahl am Wohlstand des Hauses und Raub am sauer erworbenen Verdienst deines Mannes. Mache keine Ausgabe, auch die kleinste nicht unüberlegt; lasse nichts, auch das scheinbar Werthlose nicht verkommen; vergeude nicht das Geringste weder von der Zeit, noch von Geld oder Geldeswerth. Thust du das doch, dann bringst du dich und deinen Mann und deine ganze Familie in Noth und Elend. Dein Mann plagt sich umsonst, sein Fleiß, seine Anstrengung, sein saurer Schweiß und schwere Sorge – alles ist vergebens, wenn du verschwenderisch im Haushalten bist, darum studire fleißig in diesem Buche und besonders das eigne Kapitel über die Kunst des „Gut=Haushaltens" damit du lernst, wie du sie üben solltest.

Liebe über Alles Reinlichkeit und Ordnung

Könnte ich dir doch, meine Tochter, das Lob dieser Tugenden so begeistert schildern, daß es niemals verklänge aus deinen Ohren, daß es vom frühen Morgen bis zum späten Abend darin wiederhallte! Die Reinlichkeit ist die Beschützerin der Gesundheit, der Hort der Sittsamkeit, die Grundlage aller Schönheit und auch deiner Schönheit. Ohne sie ist dein Haus widerwärtig, sein Schmuck ekelhaft, alle Zierde und selbst das Gold nur häßlich; ohne Reinlichkeit und Ordnung ist das ganze Familienleben höchst unbehaglich. So hege und pflege denn auch diese Tugenden unablässig. Wenn du noch so sparsam geworden bist, – spare nie an Wasser, dieser kostbaren Gabe, die Gott dir so billig und in so reicher Fülle spendet; spare nie an Seife und stelle Besen, Stauber und Abwischer nie zu weit aus dem Wege, sie sollen dir so lieb und werth sein, wie dem Schmied der Hammer, den Schreiner die Säge, dem Weber die Spule. Halte alles in Ordnung und rein, was dir untersteht und nur irgend im Bereiche deines Hauses weilt, aber vor allem auch dich selber. Vergiß es nie, daß dein Leib ein Tempel Gottes ist, halt' ihn heilig und mache keine Vogelscheuche d'raus. Wasche täglich und zwar mehr als einmal, nach Vollendung schmutziger Arbeit: Hände, Gesicht und Hals, sei nicht nachlässig im Ordnen deiner Haare, im Reinigen deiner Zähne und im Wechseln deiner Wäsche und besorge auch allen Familienmitgliedern frische, reine Wäsche recht oft und regelmäßig. Gesundheit und Frohsinn wird dein Lohn sein.

Ich zweifle nicht, meine Tochter, daß du die Tugenden, die ich dir hier anempfohlen, für edel und schön hältst. Wenn vielleicht eine meiner Bemerkungen hier und da leichtes Kopfschütteln bei dir hervorgerufen, so hast du sicher nicht gedacht: „es ist verkehrt," höchstens: „das ist mir zu schwer." Sollte dies der Fall sein, dann nur nicht zaghaft, nicht kleinmüthig! Was dir zu schwer scheint, hast du sicher noch nicht ernstlich versucht. Nur frisch und munter angefangen mit der Uebung der uneigennützigen Liebe, der Bescheidenheit, der Geduld und Sanftmuth! Nur wacker angefangen mit dem Fleiß, der Sparsamkeit, der Reinlichkeit und Ordnungsliebe! Du wirst schon bald deine größte Freude dran finden, wenn du nur ernstlich und ausdauernd danach strebst. Jede Tugend – und die hier empfohlenen – lernt man erst dann schätzen und lieben, wenn man sie ausübt.

Vor einem großem Hinderniß im Streben nach diesen Tugenden muß ich dich aber noch eindringlich warnen, es ist das: der Umgang mit plaudersüchtigen Frauen. Drum:

Halte dich still für dich, möglichst fern von geschwätzigen Freundinnen.

Willst du das häusliche Glück erringen und bewahren, dann mußt du nirgends lieber weilen, als in deinem Hause und nie dein Haus zum Sammelplatz von neugierigen und plauderhaften Frauen machen.

Gehe nur aus, wenn es durchaus nöthig ist und suche auch du selber nicht deine Freude im Plaudern mit Nachbarn, im Plaudern am Brunnen, auf dem Markte oder im Laden. Das raubt dir die kostbare Zeit und macht dich in Folge dessen hastig und nachlässig in deiner Arbeit. Das raubt dir die innere Ruhe durch beständige Zerstreuung und macht sich deshalb unachtsam und vergeßlich in der Besorgung des Hauswesens, deinen Mann in Folge dessen mißmuthig und unzufrieden. Das raubt dir endlich den häuslichen Frieden und damit das häusliche Glück. Der Umgang mit plaudersüchtigen Frauen verwickelt dich nothwendig in vielerlei Streitigkeit und weckt in dir böse Leidenschaften, von denen du sonst nichts gewußt hättest. Hörst du im Plaudern, wie Andere über dich sprechen kritisiren, so regt dich das auf zu Haß und Rachsucht, die dir alle Freude verbittern. Hörst du an, wie viel besser und angenehmer andere Frauen es haben, als du, so ruft das Neid und Mißgunst in dir wach und thörichte Unzufriedenheit mit deinen Verhältnissen. Hörst du gar über deinen Mann tadeln und kritisiren von gleißnerischen Plauderzungen, dann entsage nur deiner Hoffnung auf Glück, wenn du dich nicht entschließen kannst, den Umgang mit solchen Frauen ganz und gar zu meiden. Tropfweise bringen die bösen Zungen dir das Gift der Abneigung und des Mißtrauens gegen deinen Mann bei und danach das tödtliche Gift des bösen Argwohns. Vor all' diesem Unglück bleibst du bewahrt, wenn du möglichst still für dich hältst und dich niemals um Andere kümmerst, die dich nichts angehen. Dein Haus und dein ganzes Hauswesen sei dir wie ein Heiligthum, das nur für dich und die Deinen da ist; jedem fremden, neugierigen, zudringlichen Weibe sei der Zutritt dazu und auch der Blick hinein für immer verwehrt.

Verfolgst du meine Tochter, diese Mahnworte, die ein Seelsorger an dich als Hausfrau richtet, dann wirst du selber die Quelle des Glückes in deinem Hause. Dein Mann wird stets seine Freude an dir haben und dich stets auf den Händen tragen, weil er fühlt, daß er glücklich wird durch dich. Deine Kinder werden sich glücklich preisen, daß sie in den trefflichen Beispiel der Gottesfurcht und ein so schönes Vorbild der weiblichen Tugend vor Augen haben. Und der liebe Gott wird's an seinem Segen nicht fehlen lassen, er wird dir seine Prüfung senden, ohne zugleich auch reichen Trost zu spenden; doch den vollen Lohn für dein Tugendstreben hat er im Himmel für dich aufbewahrt. …"

Aus den Gründungsjahren der Pfund's Molkerei

Dresden im Jahre 1879. Mit der Milchversorgung stand es nicht zum Besten. Besonders wenn man die hygienischen Aspekte berücksichtigt. Erste Lebensmittelkontrolleure untersuchten zwar die Qualität der Milch, dass aber auf den Fuhrwerken auch „alte Wäsche und Küchenabfälle" transportiert wurden, empfanden viele Dresdner doch als eine äußerst „unappetitliche Angelegenheit". Hinzu kam, dass sich im Sommer wegen der mangelnden Kühlung die Haltbarkeit der Milch rapide verkürzte.

Die Zeit war reif, die Milchversorgung in Dresden auf stabile Füße zu stellen. So sah es auch Paul Gustav Leander Pfund. Seit fast einem Jahrzehnt betrieb er als Landwirt das Gut seines Vaters in Reinholdshain bei Dippoldiswalde. 1875 heiratete er die Landwirtschaftstochter Mathilde Zimmermann aus Ruppendorf. Gemeinsam betrieben sie eine erfolgreiche Schweinezucht und eine Hühnerfarm. Bei ihren gelegentlichen Besuchen in der nahe liegenden sächsischen Residenzhauptstadt fiel ihnen der katastrophale Zustand bei den Milchtransporten auf. Sie sannen auf Abhilfe – und eine neue Geschäftsidee wurde geboren, die allerdings nur direkt vor Ort in Dresden umzusetzen war.

Aller Anfang ist schwer. Zunächst hieß es, die notwendigen Investoren zu finden. Pfunds Vater verschaffte ihm das nötige Startkapital. Ein Onkel stellte das erforderliche Grundstück. Dann siedelte das junge Paar mit ihrem gesamten Hausrat, „sechs Kühen und ebensoviel Schweinen" in die Stadt um. Auf der Waldgasse (der heutigen Görlitzer Straße – gegenüber dem großen Schulgebäude) eröffneten sie ihren ersten Milchladen. Bereits wenige Wochen später war ihr Verkaufslokal stadtbekannt. Es lag wohl an der ungewöhnlichen Inneneinrichtung, denn „vom Verkaufsladen aus konnten die Kunden durch das Glasfenster das Leben und Treiben im Stalle mit seinen bunten Kühen beobachten – ein Städter anziehendes, idyllisches Bild. Dreimal täglich wurde gemolken und zweimal die durch feine Tücher geseihte und abgekühlte Milch den Verbrauchern auf Wunsch ins Haus gebracht oder direkt im Laden verkauft."

Die ersten Stammkunden kamen aus der unmittelbaren Nachbarschaft. Großabnehmer wie die Diakonissenanstalt, verschiedene Militärkantinen und bekannte Hotel- und Restaurantbetriebe folgten. Bereits zwei Monate später war absehbar, dass die angemieteten „Betriebsräume" viel zu klein waren. Auf der Suche nach neuen Investoren nahm Paul Pfund seinen Bruder Friedrich als Teilhaber auf. Dieser hatte zwar einen kaufmännischen Beruf, doch seine wahre Berufung sah er in der Schauspielkunst. Am 9. September 1880 wurde die „Dresdner Molkerei Gebrüder Pfund" in das örtliche Handelsregister eingetragen. In den Häusern Bautzner Straße 41/42 entstand das Hauptkontor des jungen Familienbetriebes. Drei Jahre später verstarb plötzlich sein Bruder. Da erwies sich der Vater als wertvolle Stütze. Er verkaufte seine ländlichen Unternehmungen und zog zu seinem Sohn Paul – welcher nun Alleininhaber der Molkerei war – nach Dresden. In einer Festschrift zum fünfzigjährigen Geschäftsjubiläum wurde der gestrenge Senior so beschrieben: „Friedrich Pfund sen. war der Typ eines Altdresdner Patriziers, ein Original, der als Armenpfleger-Obmann nur im feierlichen Gehrock und Zylinder ausging, bereits um 11 Uhr vormittags zu Mittag, um 5 Uhr nachmittags zu Abend aß, und dann um 6 Uhr schon schlafen zu gehen. 2 Uhr nachts stand er auf weckte mit fröhlichen Sange seinen Sohn und die wenigen Molkereigehilfen zu eifrigen Tun. Denn schon rollten die ersten Milchwagen vom alten Schlesischen und Leipziger Bahnhof heran, der Kessel stand unter Dampf, die Zentrifuge, System de Lavall, die erste übrigens in Sachsen, begann zu heulen, der Butterkneter karusselte, und von 4 Uhr an warteten schon die Ausfahrer, um frische Milch und Molkereiprodukte der fast täglichen wachsenden Kundenzahl zum ersten Frühstück ins Haus zu bringen."

Ein Inserat aus dem Jahre 1888 verrät die Vielfalt der angebotenen Molkereiprodukte. Milch und Sahne wurden in drei verschiedenen Qualitätskategorien angeboten. Ebenso verhielt es sich bei den Sahneprodukten. „Buttermilch, Molken, Kefyr, div. Sorten Käse, Quark" ergänzten die Produktpalette. Und auch bei den Buttersorten hatte man die Qual der Wahl. Am preiswertesten war „Kochbutter à Stück 60 Pfennige". Weiterhin ist zu erfahren: „50 Ambulancen durchkreuzen täglich 2 mal die Stadt und deren Umgegend und bringen sämtliche Waren frei ins Haus." Erste feste „Verkaufslocale" im Gebäude des Stadtwaldschlösschens am Postplatz und Prager Straße 9 erhöhten den Bekanntheitsgrad. Bis zum silbernen Geschäftsjubiläum im Jahre 1905 gab es bereits über 30 Filialen.

Der junge Molkereibesitzer Paul Pfund war trotz erster geschäftlicher Erfolge von schweren Sorgen geplagt. Der „schwankende Milchmarkt" machte ihm zu schaffen. Insbesondere zur

Eine Zeitungsanzeige aus dem Jahr 1888 verrät die Vielfalt der angebotenen Molkereiprodukte.

Weihnachtszeit konnte er die Nachfrage nach seinen Milchprodukten kaum erfüllen. In den Sommermonaten gab es empfindliche Umsatzeinbrüche. Der an Lieferverträge gebundene Unternehmer stand einer wahren „Milchflut" gegenüber, die wegen der kurzen Haltbarkeit nicht verkauft werden konnte. Das freute die „500 Schweine in Pfunds Mastviehstallungen" in Mickten. Auch die treuen Pferde seines Fuhrparkes profitierten. In jenen Zeiten gab es in der Tränke statt Wasser Magermilch.

Doch auf Dauer war Pfund damit unzufrieden. Bereits Mitte der 1880er-Jahre unternahm er erste Versuche, „kondensierte Milch" herzustellen. Ähnliche erfolgreiche Versuche gab es schon in der Schweiz. Neueste Erkenntnisse der noch jungen Molkereitechnik sollten den Erfolg bringen. Erste Versuche, der vorbehandelter Milch in Blechdosen eine längere Haltbarkeit zu geben, nahmen ihren Anfang. Selbstbewusst stellte Paul Pfund die in Blechdosen abgefüllte vorbehandelte Milch 1886 auf einer Industrieausstellung in London vor. Diese Präsentation brachte zunächst nicht den erwarteten Durchbruch. Eine Blechdose explodierte und flog in die Luft. So bedurfte es noch ein Jahr Arbeit, bis in Dresden die erste „Kondensmilchfabrik in Deutschland" gegründet werden konnte.

Wiederum erwiesen sich die Geschäftsräume als viel zu klein. Paul Pfund erwarb in den nächsten Jahren über sieben benachbarte Grundstücke im Areal Bautzner Straße und Prießnitzstraße. Dazu gehörten auch die notwendigen Nebenbetriebe. So unter anderen eine Druckerei „mit Schnell- und Tiegeldruckpressen, Papierschneidemaschinen und einer Stereotypie für den Druck von Kondensmilch-Etiketten in vielen Sprachen" und alles andere, was ein wachsender Großbetrieb im Schriftverkehr so braucht. Angestellte Klempner, Tischler und Schlosser sorgten für einen reibungslosen Betriebsablauf. Und nicht zu vergessen die „Beschlagschmiede", die für „100 Pferde mit allem Drum und Dran und für ebensoviel Fahrzeuge" zu sorgen hatte.

Die alten Gebäude an der Bautzner Straße wurden 1891 abgerissen. Ein dem Zeitgeschmack entsprechendes neues Geschäftshaus entstand. In der ersten Etage wurden moderne Büroräume für die Verwaltung eingerichtet. Im Erdgeschoss eröffnete der „schönste Milchladen der Welt". Die handgemalten Fliesen der ortsansässigen Firma Villeroy & Boch begeisterte nicht nur die Dresdner, sondern auch die zeitgenössische Fachpresse. Bereits damals hieß es: „Läge er in der Mitte Dresdens, der inneren Altstadt, er wäre es wert, im Fremdenführer ein Sternchen zu haben!"

Dresdner Initiativen zur „Verdeutschung der Speisenkarte" – 1888

Die Sorge um den Bestand der deutschen Sprache ist nicht erst mit dem überbordenden Denglisch, der Überflutung mit englischen Wendungen, aufgekommen. Die kleine Notiz eines Zeitchronisten des 19. Jahrhunderts verdient unsere Aufmerksamkeit. Unter der Eintragung zum 26. Mai 1888 ist folgendes zu erfahren: „… Die vom Dresdner Zwangsvereine des allgemeinen Sprachvereins in Verbindung mit dem Verein Dresdner Gastwirthe und dem Verein Dresdner Köche herausgegebene „Verdeutschung der Speisenkarte" ist zum Preis von 25 Pf. bei Albanus, hier, erschienen …"

Es gibt einen Typus des übellaunigen, heimattümelnden Sprachschützers, dem man nicht im Dunklen begegnen möchte. Aber es gibt auch Gründe, im hellen Mittagslicht der aufgeklärten Vernunft Sorge um den Bestand der deutschen Sprache zu empfinden.

Die darin enthaltenen Vorschläge zur Wiederkehr der deutschen Sprache im Gastgewerbe muteten zunächst sehr heimattümelnd an. So wurden die ernstgemeinten Übersetzungsvorschläge mit einer gewissen Ironie aufgenommen: „… So hat u. a. das nahrhafte Beefsteak dem Rindfleisch gleichen guten Platz gemacht, Souper mit Cotillon gibt's nirgends mehr, dagegen Abendessen mit Gabentanz; für Delikatessen werden Leckereien verabreicht, der Extrakt hat den Auszug Platz gemacht, wer früher Fricandellen liebte, muß sich mit Hackfleischschnitten begnügen, der Geschmack nach Hautgout wird durch Wildgeschmack ersetzt, ist die Jus zu dünne, so nimmt man reinen Fleischsaft; Liebhaber von Remouladensauce erhalten nur noch Kräutertunke, statt der Serviette bedient man sich des Mundtuches …"

Zunächst war man noch sehr geteilter Meinung. Nicht wenige Gastwirte erhofften sich weiter mit den in französisch verfassten Speisekarten einen Hauch von Exklusivität nach Dresden zu bringen. Auch gab es Zweifel, ob es überhaupt möglich wäre, international bekannte Speisen ins Deutsche zu übersetzen. Viele Begriffe aus der Muttersprache der Gastronomie sind den Gästen bekannt und müssen daher nicht übersetzt werden, wenn die Gehobenheit der Küche ausgedrückt werden soll. Und man sollte auch Rücksicht auf ausländische Gäste nehmen, denen die international bekannten Speisebezeichnungen das Reisen erleichterten.

Doch diese mahnenden Stimmen setzten sich nicht durch. Im Jahre 1911 erschien die fünfte Auflage der „Speisenkarten-Verdeutschung". Die dort enthaltenen Vorschläge wurden mit Beginn des Ersten Weltkriegs radikal umgesetzt. Die Kriegseuphorie forderte ihren Tribut. Französisch klingende Geschäftsnamen wurden über Nacht geändert. Das vornehme „Café de Paris" (Seestraße 7) hieß nun „KAFFEE GERMANIA". Der Namenszug an der Außenfassade des historischen „Hotel de France" (Wilsdruffer Straße 15) wurde mit weißen Tüchern verhüllt. Nach nicht mehr verwirklichten Umbauplänen sollte es dann den Namen „Schlosshotel" tragen. Auch die Speisekarten wurden konsequent eingedeutscht.

Bouillon	Fleisch- oder Kraftbrühe
Oxtail soup	Ochsenschwanzsuppe
Morcturtle soup	Kalbskopf- oder falsche Schildkrötensuppe
Toast	Röstbrot oder Röstschnitte
Hühnerfrikassee	Weiß-Eingemachtes vom Huhn
Mayonnaise	Eier-Öl-Tunke
Vinaigrette	Kräuter-Öl-Tunke
Omelette	Eierrolle
Ragout fin	Würzfleisch
Pochierte Eier	Verlorene Eier
Rindsrouladen	Rinderwickel
Kartoffelpüree	Kartoffelmus
Weingelee	Weinsulz
Grießflammeri	Grießwackelpeter
Tortelettes	Kleine Törtchen

Nach dem Ersten Weltkrieg kehrte man zum Großteil wieder zu international bekannten Bezeichnungen zurück, um in Zeiten des Nationalsozialismus dies wieder umso intensiver zu betreiben. So gab es dann 1938 eine „Arbeitsgemeinschaft für Sprachreinheit im deutschen Gastgewerbe", die regelmäßig neue Vorschläge zur Diskussion stellte. Als änderungsbedürftig wurde zum Beispiel die Bezeichnung „Mamsell" angesehen. Wäre es denn nicht sinnvoller die weiblichen Angestellten mit ihrem eigentlichen Arbeitsgebiet in Verbindung zu bringen, wurde gefragt. „Alleinköchin,

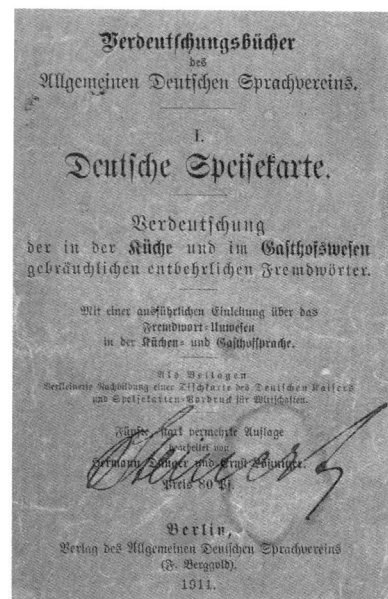

"Verdeutscht": aus dem Café de Paris wird Kaffee Germania.

Hilfsköchin, Kaffeeköchin" oder „Salatköchin" waren nur einige der Vorschläge.

Weitere Vorschläge folgten. So hieß es unter anderem: „… Der Bon des Kellners ist der Gutschein, sein Bonbuch das Gutscheinbuch, und statt zu bonen kann er gutschreiben; das hässliche „Revier" ersetzen die Wörter Abteilung oder Bereich voll und ganz …"

Als besonders unsinnig empfand man auch den Ausdruck „Limonade". Als Überschrift für diese alkoholfreien Erfrischungen „eignet sich die ganz einfache und klare Bezeichnung ‚Fruchtgetränke'". Einen Hinweis auf die verarbeiteten Früchte könnte zum Beispiel mit den Begriffen „Zitronen-Fruchttrank, Zitronentrank oder Zitronenwasser" gegeben werden.

Wie das Flaschenpfand nach Dresden kam

Dresden im Sommer 1889. Die Höhepunkte der offiziellen Festtage zum 800-jährigen Wettiner-Jubiläum waren gerade vorbei. Ausführlich hatten die örtlichen Tageszeitungen über dieses Ereignis berichtet. Langsam begann man sich wieder alltäglichen Problemen zuzuwenden. Beim Thema „Bier" konnten die Journalisten sicher sein, das Interesse zahlreicher Leser zu wecken.

So beschäftigte sich das „Dresdner Journal" am 13. Juli 1889 mit dem „Flaschenbierunwesen" in der sächsischen Residenzhauptstadt. Wer nun eine neue Diskussion um die steigenden Bierpreise erwartete, hatte sich getäuscht. Dieses Mal wurde an die Verbraucher appelliert, sorgsamer mit den „leeren, den Brauereien gehörenden Bierflaschen" umzugehen. In den vergangenen Jahren hätten weggeworfene Flaschen das Stadtbild verschandelt. Gleichzeitig stellten zerschlagene Flaschen eine große Verletzungsgefahr dar. Mit großem Interesse verfolgte man deshalb die Initiative einer „Anzahl Oberlausitzer Brauereien". Unter der Federführung der „Aktienbrauerei zu Löbau" hatte man sich auf ein Vorgehen geeinigt, um diesem Problem Herr zu werden. Es war beschlossen worden, auf jede verkaufte Bierflasche einen Pfennig draufzuschlagen. Sowohl bei Großabnehmern als auch bei Einzelkunden. Eine Rückerstattung erfolgte dann „während der Abgabe einer unversehrten Retourflasche oder bzw. zweier unversehrter Verschlüsse".

Von dieser neuen Maßnahme versprach man sich einige Vorteile. Zum einen würden jene Gastwirte wirtschaftlich unter Druck gesetzt „die es seither mit der pünktlichen Rückgabe nicht so genau genommen haben". Gleichzeitig wollte man das unberechtigte Wiederabfüllen der Bierflaschen verhindern. Natürlich war man auf die Zusammenarbeit angewiesen. Das setzte auch eine „pflegliche Behandlung der Bierflaschen voraus. In den letzten Jahren hatte man nicht immer gute Erfahrungen mit der Rückgabe gemacht: „Denn wenn auch außer Zweifel steht, daß die Brauereien auf die Reinigung der zurückkommenden leeren Flaschen die größte Sorgfalt verwenden, so ist es doch bei allen Annehmlichkeiten, die der Flaschenbierhandel vielen bietet, keinesfalls appetitanregend, wenn man die leeren Bierflaschen auf Bauplätzen, Sandhaufen usw. zusammenlesen sieht oder wenn solche, wie es wohl oft zu geschehen pflegt, erst mehrere Tage nach Entleerung alles Inhalts an die Bezugsstellen zurückgegeben werden."

Für „nachahmenswert" hielt das „Dresdner Journal" diese Idee. Auch bei den Unternehmungsführungen der ortsansässigen großen Brauereien fanden diese Ausführungen Interesse. Man verständigte sich untereinander und bereits wenige Wochen später wurden die Dresdner Bierliebhaber darüber informiert, dass nun auch hier zukünftig ein „Pfand" auf eine Flasche zu entrichten sei. Die Begründung lautete „dadurch den Eingang der Flaschen besser wie bisher zu regeln" können. Bisher berechnete Rabatte seien von dieser Preisehöhung nicht betroffen. Als Beginn der Einführung eines Flaschenpfands wurde der 8. August 1889 festgelegt.

Doch es bedurfte bei der Einführung des Flaschenpfands noch viel Aufklärungsarbeit. Eine Woche später wurde versichert, dass es sich hier um keine verdeckte Preiserhöhung der Bierpreise handelt. Skeptikern wurde noch einmal detailliert erklärt, dass es sich bei dieser „Neueinrichtung" um eine nützliche Sache handele, bei der alle nur gewinnen würden. Es sei keinesfalls als Verteuerung anzusehen, „sondern sie bildet die Prämie für prompten Wiedereingang der Flaschen und für diejenige, welche herumliegende Flaschen sammeln, für welche jede Verkaufsstelle den Pfennig anstandslos wieder" zurückgibt. Noch wurde die Einführung eines Flaschenpfands mit sehr großem Misstrauen verfolgt.

So sah man ein halbes Jahr später wieder einen Anlass, die Dresdner über die beschlossenen Maßnahmen aufzuklären. Mit der Einführung eines Pfands, wurden die leeren Bierflaschen zu einem begehrten Markenobjekt. Eindringlich werden die „Flaschenbier=Konsumenten" darauf aufmerksam gemacht, dass sämtliche Biere der Großbrauereien mit Schutzmarken an der Öffnung versehen waren. Nach der Einführung des Flaschenpfands gab es auch negative Nebenerscheinungen. Denn schon damals gab es Trittbrettfahrer, die mit wenig Aufwand die eigenen billigen Biererzeugnisse abfüllten. Eindringlich hieß es in den großflächigen Inseraten: „Wir warnen deshalb vor Ankauf von Flaschenbier in unseren Flaschen von solchen Leuten, die widerrechtlich Biere selbst darin abfüllen."

Wenn ein solches geschäftliches Gebaren den Brauereien bekannt wurde, folgte sofort eine Anzeige. Empfindliche Geldstrafen konnten die Folge sein. In besonders schweren Fällen drohte sogar eine

Haftstrafe. Oft war damit auch der Entzug der Gewerbeerlaubnis verbunden.

Langsam akzeptierte der Biertrinker die positiven Aspekte dieser „Neueinrichtung". Die Rückführung der geleerten Flaschen in die Großbrauereien, die Wiederverwendung nach einer gründlichen Reinigung sowie das Aufkleben einer Schutzmarke verhinderten Fälschungen. Und im Dresdner Stadtbild verschwanden die eilig weggeworfenen Bierflaschen. So nahm mit einen Pfennig Aufschlag die Pfandflasche in Dresden ihren Anfang.

Die Engau'sche Bade-Anstalt in Laubegast

Zu den einfallsreichsten Unternehmern gehörte um die Jahrhundertwende der Laubegaster Gastwirt Otto Engau. Der gebürtige Vogtländer hatte hier einen alten Bauernhof erworben. Zunächst wollte er mit einem Gärtnereibetrieb seinen Lebensunterhalt bestreiten. Der Versuch scheiterte. Mit einer „Maschinenwerkstatt" hatte er ebenfalls keinen Erfolg. Eine neue unternehmerische Idee erwies sich schließlich als vielversprechender. Als „gemeinnützige Anstalt" richtete er einen Badebetrieb ein. In Inseraten bot er in sieben emaillierten Wannen Kräuter- und Kiefernnadelbäder an. Im Jahre 1898 wurde der Betrieb erweitert. Nun war es unter anderem auch möglich: „Dampfbäder in jeder Form, die durch beste Wirkungen berühmten kohlensauren Bäder, Moorbäder" anzubieten. „Sonnen- und Luftbäder" im herrlichen Rosengarten ergänzten das Angebot.

Seit ihrer Gründung konnte sich die „Engau'sche Bade-Anstalt" über stetig wachsenden Besuch erfreuen. Ortsansässige und Bewohner der Nachbargemeinden waren die erste Stammkundschaft. Weithin bekannt wurde Engau aber durch die Sonntagsausflügler aus dem nahe liegenden Dresden. Die reisten zumeist mit dem Dampfer an. Jene Besucher erfreuten sich insbesondere an dem herrlich angelegten Rosengarten. Zunächst noch als Zaungäste im

Grundstück Uferstraße 3, Ecke Gartenstraße. Badebesitzer Otto Engau hatte noch keine Erlaubnis, Gäste auch zu bewirten.

Doch kämpfte er bereits um den erforderlichen Konzessionsschein. Anfang Mai 1902 erhielt er dann die Erlaubnis zum Ausschank von Wein und Kaffee. Auf seinem Grundstück eröffnete er wenig später eine Lokalität unter den Namen „Engau's Weinstuben". In den Sommermonaten gab es im Rosengarten zahlreiche Außenplätze. Direkt an der Elbe gelegen, hatte man von hier aus einen guten Blick auf die herrliche Landschaft.

Im Juli 1904 verpachtete er seine Badeeinrichtung an den „geprüften Masseur G. Wilke". Otto Engau richtete sein Augenmerk nun auf sein Gastgewerbe. Schon längst zählte ein Besuch in seinen Weinstuben zum Geheimtipp. Er setzte nun voll auf die Besucher aus der nahe liegenden Großstadt Dresden. Weil in jenen Jahren die offiziellen Pläne für eine durchgängige „Elbpromenade" wegen „chronischen Geldmangels" scheiterten, versuchte Engau eigene Ideen umzusetzen, den Ausflugsort Laubegast attraktiver zu machen.

So wird im „Dresdner Salonblatt" von der geplanten Errichtung von „Bismarcks Ehrengarten in Engau's Heim zu Laubegast" berichtet. Studenten aus ganz Deutschland waren aufgerufen, Steine zu sammeln, „die Auskunft der Stätten gaben, zu denen der Gründer des Deutschen Reiches eine Beziehung hatte." Die zugesandten Steine wurden mit einer Inschrift versehen, und sollten in einem neu gestalteten Garten an den ersten deutschen Reichskanzler erinnern. Otto Engau war selber überrascht von der großen Resonanz. 500 bis 1000 Zusendungen soll er erhalten haben. Besonders erstaunt war er, dass auch „etwa aus Japan, Afrika und ein Stein von der Cheospyramide den Weg nach Laubegast" fand. Er setzte auf die damalige große Bismarck-Verehrung, und schuf mit der neu geschaffenen Sehenswürdigkeit einen Wallfahrtsort.

Zum zehnten Todestag von Otto Bismarck wurde der „Ehrengarten" eröffnet. „Engau's Weinstuben" in Laubegast wurden so nun auch zu einem beliebten Ausflugsziel der Dresdner Studenten. Dem stets volkstümlich wirkenden Gastwirt gelang es so, seinen Gasthof durch die schweren Zeiten des Ersten Weltkrieges zu führen. Im Jahre 1925 verstarb er. Die Weinstuben wurden zwar weitergeführt, aber ohne Erfolg. Im Zweiten Weltkrieg diente das Haus als Unterkunft für französische Fremdarbeiterinnen. Nach 1945 wurde es Jugendheim der Antifa-Jugend, der wenige Jahre später die FDJ folgte. Erst in den 1990er-Jahren begann man sich wieder an die Aktivitäten von Otto Engau zu erinnern. So gibt es auch Ideen diese herrlichen Gartenanlagen neu entstehen zu lassen.

Aus den Memoiren eines Stadtverordneten um 1900

Es gibt Aufzeichnungen, die immer wieder einmal verloren gehen. Das war auch in der Verwaltung der königlichen sächsischen Residenzhauptstadt Dresden nicht anders. Irgendwann tauchen sie dann doch wieder auf. Oft waren sie in eine Akte gerutscht, in die sie überhaupt nicht gehörten. Oder war es nur ein Alibi, einmal in unterhaltsamer Weise die Arbeit der Dresdner Stadtverordnetenversammlung zu betrachten?

Aus dem vorliegenden Manuskript-Auszug wurde erstmals beim Jahresabschlussessen des Stadtrates im Jahre 1900 zitiert. Diese gemütlichen Zusammentreffen, fern ab jeder parlamentarischer Regel, wurde auch „Gelbe Suppe" genannt. Dabei wurden oft kurz gefasste Lieder zum Mitsingen vorgetragen. Oder eben diese Beschreibung über die Schwierigkeit, Beschlüsse zu fassen.

Das verlorene Manuskript*
Gefunden von Otto Dietz, Stadtverordneter

*M. M.! Neulich ließ ich mir einige Bände unserer Akten in meine Wohnung kommen, um mich über gewisse Punkte genauer zu unterrichten. Zu meinem Erstaunen fand ich zwischen verschiedenen Aktenstücken eine Art Manuskript, das offenbar nicht zu den

Akten gehörte. Vermutlich hat es irgendein Kollege, der zur Zeit an seinen Memoiren arbeitet, aus Versehen darin liegen lassen. Um als ehrlicher Finder nichts unversucht zu lassen, was zur Ermittlung des noch ehrlicheren Verlierers beitragen zu könnte, werde ich mir erlauben, einige Proben aus diesem verlorenen Manuskript mitzutheilen. Da auf jedem Blatte „streng vertraulich" steht, glaube ich auch ganz im Sinne des unbekannten Verfassers zu handeln, wenn ich nun mit der Vorlesung beginne.

Dresden liegt sehr bequem zu Füßen einiger Höhenzüge unter dem 51. Grad nördlicher Breitspurigkeit und dem 31. Grad örtlicher Breitspurigkeit, inmitten einiger noch nicht einverleibter Ortschaften. Es erhebt sich nicht nur in vielen Beziehungen über andere Städte, sondern auch 115 Meter über den Meeresspiegel. Von dieser Höhenlage rührt die unvergleichliche Beschaffenheit der Dresdner Luft her.

Dieselbe besteht zwar wie in vielen anderen Städten ursprünglich aus Sauerstoff und Stickstoff, indessen verdankt sie der anerkannten Privatwohltätigkeit der Bewohner, sowie der unermüdlichen Sorgfalt mehrerer in der Stadt gelegener Seifensiedereien, sowie den verschiedenen Rauch- und Rußverbrennungssystem die angenehmsten Beimischungen.

Der Grund und Boden von Dresden ist ungemein fruchtbar und trägt jede Steuer- und Besitzveränderungsabgabe, die man von ihm verlangt.

Mitten durch die Stadt fließt die Elbe, welche theils von zur Schiffahrt, theils zur Stellung von Aufträgen auf Einführung der Schwemmkanalisation benutzt wird. Der Wasserstand der Elbe ist ziemlich gleichmäßig, denn sobald er zu niedrig zu werden droht, wird aus den städtischen Wasserwerken eine genügende Quantität Maschinenöl in den Fluß hineingelassen, was außerdem noch den großen Vorzug hat, die Bäder in der Elbe zu einem appetitanregenden Vergnügen zu machen und die Hoffnung zu nähren, dass die Elbe eines Tages Oelsardinen hervorbringt.

Die Bevölkerung Dresdens beschäftigt sich zumeist mit Handel und Wandel – hauptsächlich mit letzterem – und befindet sich im steten Wachsthum, doch überschreitet sie nur in seltenen Fällen das Durchschittsmaß von 175 Centimeter.

Die Ureinwohnerschaft der Stadt soll rein wendischen Ursprungs gewesen sein, doch lässt sich dies jetzt infolge der vielfach geschehenen Vermischungen mit anderen Rassen nicht mehr feststellen, höchstens mit einer Genauigkeit daraus schließen, dass die Dresdner auch jetzt noch etwas Wetterwendisches an sich haben.

Die vielen Sehenswürdigkeiten Dresdens sind berühmt. Zuerst besichtige man die mit der daneben stehenden Baubude, die als Modell für das Ständehaus dienen soll. Dann gehe man die Straße längs des Italienischen Dörfchens und Hotel Bellevue – wenn dieselbe nicht gesperrt ist -, durch die große Packhofstraße – wenn dieselbe nicht gesperrt ist – bis zur Ostra-Allee. Von hier aus kann man sich nun unbedenklich überall hinwenden, denn man ist dann außerhalb des Wirkungskreises des Fernheizfiskus.

Sehr beliebt sind neuerdings Ausflüge nach der Ammonstraße, woselbst das australische Holzpflaster von Einheimischen und Fremden, hauptsächlich aber von den Anliegern wegen seiner großen Billigkeit freudig angestaunt wird. Jeder Groll muß schwinden, wenn man bedenkt, wie die brave Stadtverwaltung die große Mäckeleien billiges Pflaster auf alte Wunden legt.

Wer eine weitere Sehenswürdigkeit sehen will und etwas Zeit hat, stellt sich an eine beliebige Straßenecke, um die neuen Dampfspritzen sich anzusehen. Er braucht dann gar nicht lange zu warten, so erscheinen dieselben, denn sie werden täglich mehrmals durch alle Straßen der Stadt gefahren, damit Einheimische und Freunde die Besichtigung bequemer haben und nicht erst nach dem Feuerwehrhof zu gehen brauchen.

Wer noch mehr Zeit hat, vielleicht mehrere Jahre, stellt sich an die Gewandhausstraße hin, um den Neubau des Rathauses mit der Jasminlaube und den Fest-, Restaurations-, Tanz- und Spielsälen anzuwarten. Wem hierbei die Zeit zu lang wird, der geht inzwischen einmal nach Neustadt-Nordwest und erkundigt sich bei den dortigen Einwohnern, wie sie sich in den zwanzig Jahren, die sie auf ihren Bebauungsplan warten mussten, die Zeit vertrieben haben.

Sehenswerth ist auch der rege Wagenverkehr in allen Straßen, hauptsächlich aber in den Vorstädten, wo der Verkehr mit Kinderwagen auf den Gangbahnen eine solche Höhe erreicht, dass die Gendarmen davor verschwinden müssen und höchstens der deutsche Schutzmann im Verein mit Junggesellen und Kinderfeinden gegen die Kinderfräuleins und ihre Kinder und Enkel – die man in Berlin Gören nennt – etwas ausrichten kann.

Ein ebenso reger Wagenverkehr entwickelt sich jede Nacht in der Schäferstraße, wo ununterbrochen ein fröhlicher Corso von elegant gebauten Wagen dahinrasselt, die mit jedem Landwirth warm am Herzen liegen. Man kann, wenn man einen tüchtigen Stockschnupfen hat, unbedenklich diesen Schauspiele beiwohnen, wobei es sich empfiehlt, einen der eigens hier für vom Verein zur Förderung Dresdners und des Fremdenverkehrs in Friedrichstadt verpflichteten und geprüften Führer anzunehmen. Für die Führung auf der Magdeburger Straße ist der Führer Baumann allgemein beliebt, während sein College Hertwig II. die Schäfer- und alle übrigen Straßen bevorzugt.

Aengstlichen Gemüthern, die befürchten, durch diese Betheiligung am Dresdner Nachtleben in schlechten Geruch zu kommen, ist auszurotten, diesen Corso erst nach Mitternacht zu verlassen. Sie können denn mit Sicherheit darauf rechnen, unbekannt zu bleiben, da punkt 12 Uhr die elektrische Straßenbeleuchtung erlischt und dann auf den Straßen überhaupt nichts mehr zu sehen ist.

In großartiger Weise ist auch das Bergbauwesen in Dresden eingerichtet. Täglich fahren als Rathsbeamte verkleidete Bergleute in die Grube, heben aus tiefen Schächten das krystallklare Wasser empor und prüfen, ob es nicht nach Geruch und Geschmack würdig sei, den landwirtschaftlichen Glanz des Rittergutes Klingenberg zu heben. Die Stadt Dresden treibt nämlich – wenn auch unter tausend Entbehrungen – nebenbei in Klingenberg die mit Recht so beliebte notleidende Landwirtschaft. Großartig ergiebig ist das dortige Jagdrevier; denn man hört oft genug, dass Böcke geschossen worden sind, was sich natürlich nur auf die Jagd in Klingenberg beziehen kann.

Die größte Sehenswürdigkeit Dresdens aber ist der Stadtverordnete. Trotz der schon erwähnten großen Fruchtbarkeit des Dresdner Bodens wachsen auf demselben leider jedes Jahr nur 24 Stadtverordnete, doch scheint man an manchen Stellen jetzt die Zuversicht zu hegen, dass bei richtiger Bearbeitung man daraus noch mehr solcher kostbaren Gewächse ziehen kann. Dieses Vertrauen auf den hiesigen Grund und Boden kann jedoch nur Boden gewinnen, wenn dafür genügend Grund beigebracht wird.

Die Stadtverordneten als einzelne Personen sind ganz harmlose Menschen, sie werden erst bedenklich, wenn sie in größeren Mengen sich zusammenrotten. Diese Zusammenrottungen heißen Sitzungen. Es gibt öffentliche und geheime Sitzungen. Ueber den Verlauf der öffentlichen Sitzungen wird ein Druckbericht herausgegeben, damit alles, was verhandelt worden ist, der Einwohnerschaft genau vor die Augen kommt. Bei den geheimen Sitzungen ist dies nicht nötig, denn was darin verhandelt wird, kommt viel schneller und ebenso genau zu Ohren der Einwohnerschaft, welche Einrichtung schon ihrer Billigkeit halber die größte Werthschätzung genießt.

Höchst erfreulich und belehrend ist der Verlauf solch einer öffentlichen und ordentlichen Sitzung. Zuerst versammeln sich sämtliche Stadtverordnete am Bufett, um den herrlichen Klängen des Glockenspieles des Herren Vorsitzenden zu lauschen, welche Produktion manchmal viertelstundenlang dauert, zur großen Freude der Musikenthusiasten, die durch ihr weiteres Verbleiben den Künstler zu immer neuen Produktionen aneifern.

Da hierbei gewöhnlich geraucht wird und sich viel Rauch entwickelt, erscheint regelmäßig der Stadtverordnete Plötner und versucht, den Rauch zu verbrennen. Nachdem der Musikvortrag zu Ende ist, beginnt die ordentliche Sitzung.

Der Dresdner – eine Charakterstudie zur Kaiserzeit

Bereits vor hundert Jahren ordnete ein Beobachter dem Dresdner vier hervorstechende Charaktereigenschaften zu:

Der Dresdner ist höflich.

Nur in den seltensten Fällen wird er in Gesprächen, in denen er widersprechen will, mit einem brüsken „Das ist nicht wahr" antworten. Er liebt einen verbindlichen Ton und fragt bei gegensätzlicher Meinung gekonnt nach: „Erlauben Sie, das ist nicht richtig." Ein offensichtlich fauler Zeitgenosse ist „nicht fleißig". Ein „ungezogenes" Verhalten empfindet er als „nicht artig". Sollte er mit dieser Wortwahl scheitern, kann er auch „in Wort und Ton" weitaus energischer werden. Doch eine solche Eskalation versucht er stets zu vermeiden.

Der Dresdner ist gefällig.

Gern gibt der Dresdner auswärtigen Besuchern Auskunft, wenn er nach einer der zahlreichen Sehenswürdigkeiten gefragt wird. Auch lässt er es nicht an Aufmerksamkeit fehlen, wenn er bemerkt, dass die Kleiderordnung durcheinander geraten ist. So hatte ein Herr beim Stiefelanziehen die Hosenbeine hochgestülpt. Als er das Haus verließ, vergaß er sie wieder herunterzukrempeln. Und so dauerte es nicht lange, bis ihn bei seinem Stadtrundgang ein „schlichter Mann in blaue Bluse" auf das Versäumnis hinwies. „Um Vergäwung, Sie hamm ihre Hosen ruffgestiefelt", lautete der dezente Hinweis. Als er sich bei dem aufmerksamen Mann bedanken und aus Dankbarkeit ein kleines Trinkgeld geben wollte, wies jener es „höflich bescheiden zurück".

Von dieser Aufmerksamkeit profitierte auch die feine Damenwelt. Denn auch ihnen konnte ein ähnliches Malheur passieren. Ein sorgloses Flanieren auf der belebten Maximilians-Allee wurde durch eine halblaute Stimme gestört. „Härnse! Bei sie guckt, hinten e langes weißes Bändel raus!" Dankbar wurde dieser diskrete Hinweis angenommen und die richtige Kleiderordnung wieder hergestellt.

Der Dresdner ist gemütlich.

Das im deutschen Kaiserreich immer etwas verschlafen wirkende Dresden zeichnete sich durch seine Gemütlichkeit besonders aus. Ein die „ganze Welt kennender Engländer" sagte einst: „Der Dresdner besitzt die Höflichkeit des Parisers und die Gemütlichkeit des Wieners."

Doch keinesfalls ist der Dresdner „ein Wesen, in welchem die Tätigkeit des Gemütes vorherrschte". Er orientiert sich an einer einseitigen Geistesrichtung. Er lebt nach dem vernünftigen Grundsatz: „Alles zu seiner Zeit."

Der Dresdner ist humorvoll.

„Raue Schale" und „flinke Schlagfertigkeit" zählen zu den Fundamenten des Dresdner Volkswitzes. Aus einer derben Hülle lugt das Auge des Humors hervor. So heißt es in jener kleinen Lebensstudie: „… Auch hier wandelt der Dresdner die Mittelstraße zwischen dem urgemütlichen Wiener und dem satirisch witzigen Berliner; das heißt, er gibt wohl eine bittere Wahrheit zu kosten, umhüllt sie aber tunlichst mit einer süßen Pflaume …"

2. August 1909 – „Die Vogelwiese brennt!"

Die Dresdner Vogelwiese ist das traditionsreichste und beliebteste Volksfest in der Residenzstadt. Um 1465 begründet, zählte der Besuch dieser Veranstaltung seit vielen Jahrhunderten zum Pflicht-

27 Etablissements, 60 Buden und mehr als hundert Stände brannten nieder, nachdem am Stand „Zum Bratwurstglöcklein" ein Feuer ausgebrochen war.

programm vieler Dresdner Familien. In der künstlich geschaffenen Budenstadt am Johannstädter Elbufer luden neben der „Privilegierten Bogenschützen=Gesellschaft" zahlreiche Fahrgeschäfte und „Schankzelte" zum Besuch ein. Es wurde gespeist, wie es sich für ein Schützenfest geziemt: Rostbratwürste, Kräppelchen, Fischbrötchen und saure Gurken. Schließlich wollte man gestärkt sein, um weitere Attraktionen der Vogelwiese zu besuchen. So wird es auch am 2. August 1909 gewesen sein.

Doch gegen sechs Uhr abends ließ ein Schreckensschrei das lebenslustige Treiben stocken. „Die Vogelwiese brennt!" Diese unfassbare Nachricht „durcheilte schnell die ganze Stadt". Wenig später sah man schon die lodernden Flammen am Abendhimmel. Das Feuer fand in den vielen Holzbauten schnelle Nahrung.

Es grenzt schon an ein Wunder, dass kein Menschenleben zu beklagen war. Dies war den schnell herbeigeeilten 15 Feuerwehren zu danken, die mit kräftigen Wasserstrahlen versuchten, den Brandherd einzudämmen. Unterstützt wurden sie von hunderten Grenadieren, Pionieren und Jäger der nahe liegenden Kasernen. Diese zogen brennende Wagen aus dem Chaos und legten in dem unübersichtlichen Gelände eine Brandschneise an.

Nach einigen Stunden war der Brand gelöscht. Doch über die Hälfte der Vogelwiese bestand nur noch aus rauchenden Trümmern. Nicht wenige Schausteller waren plötzlich bettelarm geworden. Ihre „Karussells" oder die mit viel Liebe aufgebauten „Museen" waren zu Asche geworden. Andere Fahrgeschäfte waren derart beschädigt, dass sich eine Reparatur kaum mehr lohnte. Einige verloren mit ihrem abgebrannten Wohnwagen auch ihr Obdach.

Die Feuerwehren rückten ab, doch die zahlreichen Schaulustigen blieben. So war um neun Uhr abends ein „schauriges Schauspiel" zu beobachten. Plötzlich flammten im Hintergrund des Brandherdes elektrische Glühlampen auf. Wenig später war auch Musik zu hören. Dicht neben den rauchenden Trümmern, an denen gebrochene und verzweifelte Menschen stehen, begann das Volksfest aufs Neue.

Am nächsten Tage war die Brandstätte natürlich der Hauptanziehungspunkt für die Dresdner. In großen Scharen zog es schaulustige Besucher auf die Elbwiesen. Sie hatten vorsorglich ein paar Groschen in ihre Geldbörsen gesteckt, um sie den „abgebrannten" Schaubudeninhabern zuzustecken. Die waren's zufrieden. Nicht wenige hatten plötzlich mehr Einnahmen, als wenn sie Vorstellungen gegeben hätten. So erhielten sie aber die Möglichkeit, im kommenden Jahr ihr neues Fahrgeschäft vorzuführen. Das „Abgebrannt sein" hatte für einige auch sein Gutes.

Der Rathausesel zieht 1910 die Menschen magisch an

1910 bekam die Kunstmetropole Dresden ein neues Wahrzeichen. Georg Wrba hatte die Skulptur „Bacchus auf dem Esel reitend" geschaffen, die am Eingang zum Ratskeller aufgestellt wurde. Wrba gehörte zu den bedeutendsten deutschen Bildhauern des 20. Jahrhunderts. Er war von 1911 bis 1933 der künstlerische Leiter der Restaurierungsarbeiten am Zwinger. Anfangs musste er sich für seine eigenwillige Figurengruppe manchen Spott gefallen lassen. So auch am 27. August 1910 in der „Dresdner Rundschau".

Welch' Skandal!
Seh'n Sie mal,
Alles bleibt steh'n,
Mit seinem Reitersmann.
Lache wer lachen kann!
Trotz Ben Akiba:
So was war nie da –
Langohr vor'm Rathaus!
Das sieht verfänglich aus!
Wie man es deute,
Fragen die' Leute.
Was mancher Bürger spricht,
Schmeichelhaft klingt es nicht
Für Wrba Meister
Und seine Geister. –
Wie macht sich doch so gut,
Die große Trichterschnut',
Welche das Monstrum
Weiset dem Publikum!
Mindestens hochapart,
Einzig in seiner Art!
Solch grausam Eselsvieh
Sah man noch niemals nie,
Stammt wohl aus fernem Land,
Oder ist blutsverwandt.
Den wohlfrisierten
(uns angeschmierten)
Rathauspudeln am Hauptportal
Die sind ebenso phänomenal. –
Schwer reich ist wohl die Stadt,
Die Geld für sowas hat!
Ganz sicher hat der Rat,
Der unser Schicksal lenkt,
Und alles wohl bedenkt,
Bei dieser weisen Tat
Derartig spekuliert,
Daß er auch der Lustbarkeitssteuer

Braucht er das Ungeheuer!
Alle Lacher, die frechen,
Müssen tüchtig blechen.
So werden die Kassen voll!
Und wer auch dann
Nicht begreifen kann,
Was das Gebild bedeuten soll,
Dem verrate ich resigniert,
Daß dieser Esel symbolisiert,
Den Bürger, der unter der Steuerpflicht
Kraftlos und schwach zusammenbricht.
Drum lege jeder seinen Heller
Dem Eselreiter auf dem Teller.
(Als Steuererheber steht er da)
und rufe begeistert: Y-a, Y-a!

Der steinerne Weingott auf seinem betrunkenen Vierbeiner zieht seit
Jahrzehnten die Besucher magisch an.

Dieser Satire ungeachtet, war es nach der Aufstellung der Skulptur
zu wahren Massenansammlungen der Dresdner Bürger gekommen.
Jeder wollte sich selber ein Bild von diesem ungewöhnlichen Bild-
hauerwerk machen. Die Königlich Sächsische Polizeidirektion sah
sich so genötigt, Tag und Nacht zwei Wachleute aufzustellen.

Schließlich sollte der öffentliche Verkehr auf der Kreuzstraße aufrecht erhalten werden. Recht bald beruhigten sich aber wieder die Gemüter. Doch der Rathausesel zieht die Menschen seit Jahrzehnten magisch an. Der Legende nach soll die Berührung der Zehe des Weingottes Glück versprechen, aber auch, an den Ort zurückzukehren. Kein Wunder also, dass der Zeh ständig blank poliert ist.

Aus der gastronomischen Geschichte des Ratsweinkellers

Dresden im Spätsommer 1910. Das Neue Rathaus steht kurz vor seiner festlichen Eröffnung. Schon längst hatte sich herumgesprochen, dass in den Kellergewölben des Verwaltungsgebäudes auch eine Großgaststätte geschaffen wurde. Noch stritt man sich über Wrbas Skulptur des weintrunkenden Esels, mit dem darauf sitzenden Weingott Dionysos an der zukünftigen Eingangsfront. Unbemerkt von der breiten Öffentlichkeit verliefen die letzten Vorbereitungsarbeiten für die Eröffnungsfeierlichkeiten. Der unter dem Regiebetrieb der Stadt Dresden geführte Weinkeller war gut gefüllt und in dem für die breite Öffentlichkeit vorgesehenen zugänglichen „Ratsweinkeller" wird noch fleißig an der Inneneinrichtung gearbeitet. Doch noch einige Tage hatten sich die neugierigen Dresdner zu gedulden, um sich selbst über das Neugeschaffene ein Bild zu machen.

Die Mehrzahl der Ortsansässigen schätzte mehr bei ihren Gaststättenbesuchen das Bier als den Wein. Nicht wenige Zeitgenossen waren skeptisch, ob das städtische Unternehmen überhaupt Gewinne erzielen konnte. Nach der Eröffnung am 1. September 1910 wurde „der neueröffnete Ratsweinkeller" lediglich als „eine originelle Bereicherung unser Stadtsehenswürdigkeiten" angesehen. „Die Spezialität des Ratskellers sind die offenen billigen Schoppenweine, welche bereits begeisterte Freunde und ‚Stammgäste' gefunden habe" heißt es in der Dresdner Rundschau. Geradezu abwertend jene Prophezeiung: „Die meisten Dresdner und auch die Fremden werden wohl die nächsten Tage benutzen, um ihre Lokalkenntnisse durch einen Besuch des Ratsweinkellers zu erweitern."

Es bedurfte doch einige Zeit, bis der neue Ratsweinkeller zu einer gewissen Volkstümlichkeit kam. Die Anfangsjahre waren von den neugierigen Dresdner Weinliebhabern gekennzeichnet. Sie lobten zwar die guten und billigen Weine in dieser neuen Lokalität, doch nach ihrer Betrachtung der neuen Räumlichkeiten kehrten sie lieber an ihren Stammtisch in einer kleinen Weinstube in Dresdens Altstadt zurück. Sie waren da gewesen, hatten ihre Meinung gebildet und festgestellt, dass eine solche Massenversorgung nicht ihren Wünschen entsprach.

Schwierige Anfangsjahre für den langjährigen Pächter Hans Mattheus. Dieser hatte bereits in der kaiserlichen Hauptstadt Berlin ähnliche große städtische Restaurantbetriebe geleitet. Er wird das eingegangene Pachtverhältnis als eine Lebensaufgabe angesehen haben. Denn einem weiteren neugierigen Gästepublikum konnte er sich sicher sein. So klingt eine andere Pressenotiz einer anderen örtlichen Zeitung etwas optimistischer: „Allabendlich ist nach 8 Uhr kaum ein Stuhl zu bekommen, an allen Tafeln wird gespeist. Jeder Geschmack findet hier das Seine. Von den Spezialgerichten zu mäßigen Preis bis zur Saisondelikatesse und kompliziertesten Gericht ist jede Abstufung enthalten."

Als erfahrener Gastwirt ließ er sich vom ersten Publikumsansturm nicht täuschen. Die gehobene Dresdner Gesellschaft hatte nach dem Besuch von Konzert- und Theatervorstellungen bisher andere Treffpunkte zum abendlichen „Souper". Allmählich sprach sich auch in jenen Kreisen herum, dass im neuen „Ratsweinkeller" eine reichliche Auswahl an „gutes warmes Abendessen bei einer preiswerten Flasche Mosel= und Rheinwein" angeboten wurde. Das Schoppengeschäft ging am besten an den Pfeilertischen im eigentlichen Keller.

Im Jahr 1912 war ein Neubau der Küche erforderlich. In einem Teil der ehemaligen Räumlichkeiten entstand die „Ratstrinkstube". Der Stadtrat hatte eine „namhafte Summe" zur Einrichtung bewilligt. An der Ausführung der Pläne war Stadtbaurat Prof. Erlwein wesentlich beteiligt. Als „kleines architektonisches Meisterwerk" wird es im Dresdner Journal lobend erwähnt. Für die breite Öffentlichkeit war sie nicht zugänglich, sondern sie sollte „nur von den Ratsmitgliedern und deren Gästen, in der Regel nach Schluß der Sitzungen, benutzt werden." So hatten sich viele Leser mit den Eindrücken des Eröffnungsrundganges Anfang August 1912 zufriedenzugeben: „Man gelangt zunächst in einem stimmungsvollen Garderobe= und Büffetraum in dem reizvolle Bilder aus dem Werke von Prof. Richter: ‚Dresden einst und jetzt' eine interessante Geschichte Dresdens darstellen und gleichzeitig zu Vergleichen herausfordern. Auch ein Bild August des Starken, der für die künstlerische Entwicklung Dresdens maßgebend war, hat seinen Platz gefunden. Weiter wurde eine Skizze von Prof. Batzer, das große Ratsbild darstellend und ein Gemälde „Der Brand der Kreuzkirche" in dem Raume angebracht.

Die eigentliche Trinkstube wird von einer altertümlichen Holzdecke in Form eines Tonnengewölbes überspannt, deren einzelne Bilder Prof. Otto Gußmann gemalte, teils ernste, teils heitere Darstellungen aus der Geschichte und der Tätigkeit der Stadtverwaltung zeigen.

Ein schöner schmiedeeiserner Lustre spendet das Licht auf einen darunter stehenden großen Tisch. In der Mitte des Leuchters ist die Ratskellerverwaltung dargestellt, während ein weiteres Bild von Prof. Gußmann eine Fracht= und Melonenträgerin in einen altertümlichen Rahmen zeigt. Darüber ist die Entstehung dieser neuen Ratsstube in kurzen Worten festgelegt.

Der Hauptraum wird seitlich von mehreren Säulen getragen, die gleichzeitig zwei behagliche Ecken für Kartenspieler abgrenzen.

Die Skulpturen an der Decke dieses kleinen Spielzimmers stammen von dem Dresdner Bildhauer Strohriegel. Die Wände sind mit Stichen und Radierungen aus der Vergangenheit Dresdens nach Canaletto und anderen Künstlern bedeckt und geben dem Raum ein sehr stimmungsvolles und dabei Dresdnerisches Gepräge."

Diese Rückzugsmöglichkeit der Stadtoberen befreite sie aber nicht vor längst fälligen städtischen Entscheidungen. Nur eine Tür weiter in den Kellergewölben wurde an vielen Stammtischen weiterhin über Lokalpolitik gestritten. Eine Unterbrechung werden sie wohl zu den Weihnachts- und Silvesterfeierlichkeiten gefunden haben. Dann bestimmten festlich geschmückte Speisetafeln das Bild des neuen „Ratsweinkellers". Dem Zeitgeschmack entsprechend wurde der Genuss der angebotenen Menüfolgen musikalisch untermalt. Doch bei einer solch großen Lokalität war jenes kaum mit einem kleinen Streichquartett möglich. Zu diesem Anlass wurden die bekanntesten Dresdner Militärkapellen engagiert. Zum Silvesterabend 1912/13 war es „die Tafelmusik von der Kapelle des 12. Infanterie-Rgts. Nr 177". Sie stand unter der Leitung von H. Röpenack, der den Titel eines „Königl. Musikdirektor" trug.

War es nun wirklich der Beginn des Ersten Weltkrieges, der „in kurzer Zeit Dresdens Ratskeller zu jener volkstümlichen Massenweinstube" machte? In seiner Eröffnungsrede prophezeite der inzwischen zurückgetretene Oberbürgermeister eine solche Entwicklung. Zeitzeuge Erwin Höffner bestätigt sie in der Mitte der 1920er-Jahre: „Damals trat bald überall, besonders in den Kellern und Weinlägern der anderen Weinstuben bedenkliche Knappheit, ja sogar Mangel ein, nur im Ratsweinkeller nicht, denn für dieses hatte eines klugen Kellermeisters weitschauende Vorsicht mit Hilfe des immer noch gut gefüllten Stadtsäckels dafür gesorgt, daß immer wieder neue Fässer durch auf Auktionen aufgekaufte Weinmengen frisch gefüllt werden konnten und das edle Weinnaß in scheinbar unversiegbarer Fülle all den vielen, von kleinen und großen Kriegssorgen beschwerten Dresdnern und Dresdnerinnen floß, die in den kühlen und schattigen Tiefen des traulich=gewaltigen Bacchus=Keller hinabstiegen, um dort den Trank der Vergessenheit von Alltagssorgen und Kriegsnöten … guter und billiger Schoppen- und Flaschenweine zu schlürfen."

Von Woche zu Woche gewann man neue Stammgäste. Nicht wenige bisher „eingeschworene Biertrinker" wurden in jenen Jahren zum Weinliebhaber. Vermutlich in dieser Zeit entstand der Brauch an der Zehe des Weingottes Dionysos auf der Skulptur des trunkenen

Esels blank zu reiben. Viele Deutungen gibt es über diese merkwürdige Sitte. Nahe liegt der Aberglaube, sich dadurch vor Trunkenheit und Kater zu schützen. Denn wenn das gelingt, kehrt man gerne wieder an den gastlichen Ort zurück.

In der zweiten Hälfte des Ersten Weltkrieges wandelte sich die Gästestruktur gründlich. Das gewohnte bürgerliche Publikum wurde zunehmend verdrängt. Gut bezahlte Munitionsarbeiter, die mit Lebensmittelkarten ausgestattet waren, gehörten zu den neuen Stammgästen. Wenige Jahre später Schieber und „Inflationsbarone". Traurig schreibt ein Zeitzeuge im Jahre 1925: „Die grausame soziale Umschichtung unserer ganzen Gesellschaft ist eher im Wandel der Zeiten als auch im Besuchsbild des Dresdner Ratskellers zum Ausdruck gekommen."

Mit den Goldenen Zwanziger Jahren kam es auch hier wieder zu einem geschäftlichen Aufschwung. Ratskellerwirt Mattheus versuchte an die alten Erfolge der Vorkriegszeit anzuknüpfen. Für die Qualität der angebotenen Speisen bürgte schon der von seinen Berufskollegen verliehene Titel „Ehrenmeister der Köche-Innung zu Dresden". Zusammen mit seiner Küchenmannschaft überzeugte er auch auf zahlreichen Kochkunstausstellungen. So auch im Jahre 1932. Er erhielt mit der „Sächsischen Staatsmedaille" die höchste Auszeichnung.

Drei Jahre später konnte das Neue Rathaus als Verwaltungsgebäude über eine 25-jährige Geschichte zurückblicken. Und im „Ratsweinkeller" gab es auch das silberne Jubiläum des langjährigen Pächters Hans Mattheus zu feiern. Eine erhalten gebliebene Speisekarte aus jenen Zeiten gibt Auskunft über die Vielfalt des Angebotes. Allein zwanzig Tagesgerichte standen zur Auswahl. Besonders beliebt waren die im Haus kreierten „Ratskeller-Spezialitäten". Hier zwei Beispiele:

Ratskeller-Fischspezialplatte

Steinbutt, gebraten mit Tomate und Champignons – Zanderschnitte in Weißwein mit Trüffeln – Rheinlachs-Medaillons in Burgunder – 1 Seezungenfilet gebacken auf Bearner Sauce – Krebsragout.

Ratskeller-Hausplatte

2 kleine Lendensteaks, in Blätterteigpastete angerichtet, werden halb mit Bearner- und halb mit Trüffelsauce maskiert, Garnitur: Spargelspitzen und Erbsen.

Weitere zahlreiche Standardgerichte komplettierten das Angebot. Eine tägliche Menüempfehlung zur Mittagszeit fehlte nicht. Und auch die Liebhaber vegetarischer Speisen kamen auf ihre Kosten.

Etwas schwieriger erwies sich es sich aber, den passenden Wein auszuwählen. Zwischen 520 Sorten hieß es sich zu entscheiden. Alle bedeutenden Weinanbaugebiete Deutschlands und anderer europäischer Länder waren vertreten. Die angebotenen „Sachsenweine" kamen aus der Umgebung von Meißen, Lößnitz und Seußlitz. Das gut ausgebildete Fachpersonal half bei diesen schwierigen Entscheidungsfindungen.

Die große Lokalität in den Gewölben des Neuen Rathauses machte ihrem Namen alle Ehre. Bis in den Anfangszeiten des Zweiten Weltkrieges ließ man es sich im Dresdner „Ratsweinkeller" so richtig gut gehen.

Dresden ist nicht Berlin – Nachtbummler vor hundert Jahren

Kaum vorstellbar, dass die Dresdner Schlossstraße einmal die Adresse für nimmermüde Nachtbummler war. Und doch war es so vor gut hundert Jahren. Hier hatten sich einige Lokalitäten etabliert, deren eigentliches Geschäft erst um Mitternacht begann, als in den großen Ballhäusern schon längst die Stühle hochgestellt waren. Man dürfe diese Lokalitäten jedoch nicht mit Berlin vergleichen, stellte schon damals Karl Weiße fest, der seine Wanderungen durch die Dresdner Vergnügungsstätten veröffentlichte. Darin heißt es: „Es gibt böse Zungen, die behaupten, man könne sich in Dresden gar nicht amüsieren. Die Stadt habe zu viel Solidität in den Adern. Sie habe kein Mangel auf die Wohlanständigkeit. Solche böse Zungen gibt es … und sie pflegen ihre antidresdnerischen Festreden in der Regel mit einem Hinweis auf Berlin zu schließen. Nur in Berlin könne man sich richtig amüsieren. … Das stimmt: Dresden ist nicht Berlin …"

Doch diese Sticheleien nahm man gelassen hin, lehnte sogar das „verwirrende Nachtleben der Reichshauptstadt" ab: „Berlin hat das nächtliche Amüsement zu einer Kunst, zu einer Industrie für sich ausgebildet – und dagegen sind wir nur Provinz. Wir pflegen das Amüsement im Nebenberuf …"

Um den Leser von der Glaubhaftigkeit seiner Worte zu überzeugen, nannte Weiße einige Beispiele. So das „Schlosscafé Fritzsche". Der sich aufs Reimen verstehende Besitzer warb um nächtliche Kundschaft:

Fidel und munter geht man stets zu Balle
Und wenn's Vergnügen ist dann aus
So ist der Spass für diese Nacht nicht alle
Der würdige Schluss, er kommt ins Caféhaus.

Nicht gross Gepränge ist um die Zeit nötig.
Doch muss gemiedlich es ähm sein.
Und wer ist dazu gar so gern erbötig?
Das wird wohl von Café Fritzsche sein.

Schlosstrasse 30 ist's zu finden
Wo im Parterre's Lokal „Zur Katz" besteht
Den Eingang find'st Du vorne und auch hinten,
is ein Café, wo es Dir wohl ergeht.

Aber auch hier war irgendwann in den frühen Morgenstunden Ausschankschluss. Den nimmermüden Zecher zog es weiter. Einen weiten Weg hatte er nicht. Gleich um die Ecke hatte er die „Schwemme" ausgemacht – im Volksmund auch „Strammer Hund" genannt.

Dieser Biertunnel wurde vom „Café Central" bewirtschaftet und hatte rund um die Uhr geöffnet. Dem Gast mache es nichts aus, „daß unter den ‚Kavalieren' in der Regel auch der Taxameterfahrer ist, von dem er sich dann für sein letztes Zweimarkstück nach Hause fahren lässt", hatte Weiße beobachtet.

Aber es gibt noch einige andere „Zylinderlokale dieser Art". Überall wurden dem treuen Stammpublikum Speisen und Getränke zu günstigen Preisen angeboten. Oft war erst um fünf Uhr morgens Küchenschluss.

Und da gab es noch den einen oder anderen Geheimtipp, wo an bestimmten Tagen sogar „Nachtschlachtfeste" veranstaltet wurden. In den Jahren vor dem Ersten Weltkrieg zählte der „Globus" an der Kreuzung Zirkus- und Grunaer Straße dazu. Und so heißt es in dem zeitgenössischen Bericht: „Im „Globus" pflegt die „Nacht" zu tagen bzw. zu nächtigen. Die „Nacht": das ist eine freie Vereinigung junger Dresdner Literaten, Journalisten, Künstler, Verleger und verwandter Menschenrassen, die auf die üble Angewohnheit des Schlafens verzichtet haben und deshalb auch die Nacht zum Tage machen. Sie gewinnen dadurch noch einmal so viel Zeit zum Leben, als ihre schlafmützigen Zeitgenossen und sie verwenden diesen Gewinn zu allerhand nützlichen Beschäftigungen: Salamanderreiben, wozu die Kragen abgelegt und die Jacketts ausgezogen werden oder die Veredelung des Männergesangs, den man dadurch auf eine höhere Stufe zu bringen sucht, daß man die vier Worte des Lohengrin-Chores „Heil König Heinrich, segensvoll" jeder Nacht möglichst oft an die Decke zu schmettern sucht.

Der „Globus"-Wirt bringt diesen musikalischen Darbietungen freilich nicht immer das nötige Verständnis entgegen; er fühlt sich oft genug veranlaßt, den „Nächtigern" das Wort zu entziehen. Diese geben ihm auch Recht – indem sie in ihren Sangesübungen fortfahren und eine Walzermelodie mit dem Text intonieren:

Bitte nicht so laut
Hier wird ja noch gebaut.

Wenn Onkel Schnörke seinen Kummerbriefkasten öffnete

Zu den originellen Persönlichkeiten im Dresden vor hundert Jahren zählte „Onkel Schnörke". Einmal wöchentlich beantwortete er in den „Dresdner Nachrichten" Leserbriefe. Der Fragenkatalog war lang. Dabei scheute er sich nicht in alten Büchern zu wälzen, um Dresdner Stadtgeschichte plausibel mit Hintergrundwissen zu erklären. Auch zu den alltäglichen Zeitfragen scheint er immer seine ganz eigenen Erklärungen gehabt zu haben. Der unter Pseudonym schreibende Autor war eine Institution für viele strittige Meinungen. Hier eine kleine Auswahl seiner zahlreichen Hilfestellungen in allen Lebenslagen.

Wie werde ich Matrose?

„Ein mir nahestehender Junge hat große Lust zur Marine und bitte ich Dich daher um Aufschluß über die Bedingungen bzw. Beförderungsverhältnisse. Er möchte aber nicht als Schiffsjunge eintreten, sondern zur Kriegsmarine als Freiwilliger. Zurzeit ist er noch beruflich tätig und für ein Lehrjahr verpflichtet."
Die Kaiserliche Marine stellt am 1. Oktober und am 1. Juni jeden Jahres Drei- und Vierjährig-Freiwillige ein. Aufnahmebedingungen: Mindestalter 17 Jahre, Mindestmaß 1,65 Meter, kräftiger Körperbau, gesunde Zähne, scharfe Augen (nicht farbenblind oder farbenunsicher), gutes Gehör. Beförderungsverhältnisse? Mit der Eisenbahn bis Kiel oder Wilhelmshaven, dann zu Wasser; im übrigen reden wir mal später davon, wenn der Junge zum ersten Male als Blaujacke auf Urlaub kommt. (DN)

Die überfüllten Kleiderhaken im Dresdner Ratsweinkeller

„Sonntag den 8. Oktober habe ich mir die Platzmusik auf dem Altmarkt angehört, konnte aber die Kapelle nicht sehen, weil das zuhörende Publikum ganz dicht daran stand. Es würde wohl praktisch sein, wenn ein etwas größerer Kreis gezogen würde, so daß die Musik noch besser zur Geltung kommen könnte. Dann besuchte ich den Ratskeller, wo mit vieler Mühe noch ein Platz zu erobern war; hier wollte ich meinen Hut auf einen nebenstehenden Kellnertisch legen, woran mich

aber der anwesende Kellner mit einem barschen Ton „Nicht hierher legen, aufhängen!" hinderte. Ja, aufhängen war leicht gesagt, aber wohin? Die wenigen Kleiderhalter waren voll und so blieb mir nichts weiter übrig, als Hut und Stock in der Hand zu halten. Dann ging´s zur Ausstellung, wo ich mich in dem Garten des Hauptrestaurants neben den Konzert-Pavillon setzte. Nach einer halben Stunde ließ sich endlich ein Kellner sehen, der aber keine Bestellung annahm, weil mein Tisch nicht zu seinem Bezirk gehörte. Endlich kam der „richtige Mann" und ich erhielt die eine Stunde lang lang ersehnte Tasse Kaffee für 30 Pfg. Die Militärkapelle spielte wundervoll, ich war aber nicht imstande, sie richtig zu sehen, weil die Wand des Pavillons zu hoch ist und somit die schöne künstlerische Ausführung nicht zur Geltung kommen kann. Übrigens wird in der Ausstellung durch die Besucher selbst, ohne daß die Leitung etwas dazu beizutragen braucht, ein ganz besonderer Genuß in Gestalt einer förmlichen Maskerade geboten. Ich meine den An- und Aufputz der anwesenden Damen. So manches hübsche Gesicht und manche herrliche Figur verschwinden unter den unschönen, entstellten Hüten und den sackartigen Kleidungsstücken."

Mein lieber L., Sie gehören offenbar zu der uralten Zunft der Nörgler und wenn nicht die Handschrift dagegen spräche, würde ich Sie für meinen alten, vigilanten „Nörgelfrieden" halten, der mich eine Zeitlang mit Jereminaden förmlich überschüttet, nun aber schon lange nichts mehr von sich hat hören lassen. Entweder findet er an Dresden jetzt gar nichts mehr auszusetzen, oder er hat eine Pike auf meinen Papierkorb. Was Sie betrifft, so versteh´ ich nicht, warum Sie bei der Platzmusik und in der Ausstellung die Kapelle durchaus sehen wollen. Die Hauptsache ist doch, daß man die Musik, wenn sie gut ist, hört. Dagegen sekundiere ich Ihnen gern, wenn Sie sich über die Unzulänglichkeit der Garderobehaken im Ratskeller beklagen. Doch diesen Mangel finden Sie auch in anderen, starkbesuchten Restaurants in Dresden. Wände, Säulen und Schäfte genug, an denen sich eine Menge Kleiderhaken ihres Daseins freuen könnten. Aber man überläßt es sicher dem Gast sich erst eine Weile billiger nach einer Gelegenheit zum Aufhängen – der Garderobe meine ich – umzuschauen, um nach vergeblichem Bemühen seinen Überzieher und Hut auf die abgelegten Kleider anderer ihm fremder Gäste mit hinaufzupacken. Was aber Ihre abfällige Bemerkung über die großen Hüte und die nach unten spitz zulaufenden Kleider unserer Damen betrifft, so habe ich mich mit dieser Mode nicht nur längst ausgesöhnt, sondern auch gefunden, daß wir Männer noch viel verschwenderischer sind als viele unserer Frauen, denn wir stolzieren immer noch mit zwei Hosenbeinen herum, während sie sich mit einem einzigen begnügen. (DN)

Berufswunsch: Lokomotivführer

„Mein Bruder möchte sich gern nach beendeter Militärzeit dem Dienst bei der Staatsbahn zuwenden. Sein Wunsch ist, Heizer und später Lokomotivführer zu werden. Ich bitte deshalb, mir doch folgende Fragen zu beantworten: 1. Ist der Andrang zum Beruf als Lokomotivführer sehr groß? 2. Wie lauten die Bestimmungen bez. der Einstellung? 3. Wann erfolgt feste Anstellung? 4. Wie lange muß erst in den Werkstätten gearbeitet werden? 5. Auf wessen Kosten erfolgen die Prüfungen? 6. Ist Aussicht vorhanden, daß man bei tüchtigen Kenntnissen entsprechend befördert wird? 7. Dauert es sehr lange, ehe man als Führer zugelassen wird? 8. Wie steht es mit dem Gehalt: a) auf den Werkstätten, b) als Heizer, c) als Führer?"

1. Nein. Die Aussichten sind günstig. 2. Es ist ein Gesuch an das Werkstättenamt (Dresden-Fr., Chemnitz oder Leipzig) um Einstellung als Schlosser zu richten, dem der Lebenslauf beizufügen ist. 3. Von der Einstellung als Schlosser ab gerechnet in etwa 6 Jahren als Heizer. 4. Richtet sich nach dem Lebensalter, nicht allein nach dem Dienstalter. 5. Auf Kosten des Prüflings. 6. Ja, sogar gute. 7. Nach abgelegter Lokomotivführerprüfung, nachdem der Anwärter zwei Jahre als Heizer gefahren ist. 8. a) Stücklohn oder bis 4 Mark pro Tag; b) 23 Mark Wochenlohn und Nebenbezüge; c) 1500 Mark bis 3000 Mark und Nebenbezüge. Unter Nebenbezüge sind Bekleidungsgeld, Fahrgeld und Prämienvergütung zu verstehen. (DN)

Versuch einer Erklärung zum Ausdruck „flöten gehen"

„Kann uns Onkel Schnörke vielleicht sagen, was es mit dem Ausdruck „flöten gehen" für eine Bewandtnis hat? Man hört es so oft, weiß auch ganz gut, was es bedeutet, aber darüber hinaus herrscht bei uns ein undurchdringliches Dunkel. Das Wort muß doch einen Ursprung haben, der eine vernünftige Erklärung zuläßt."

„Flöten gehen", verloren gehen, wird vielfach aus dem jüdisch-deutschen „pleite-gehen" (sich flüchtig fortmachen, Bankrott machen) hergeleitet, während J. Grimm die Deutung aus dem verhallenden Flötenlaut natürlicher findet. Vielleicht hat man es in dem Ausdruck mit einer im Laufe der Zeit entstandenen Verballhornung eines anderen Wortes zu tun wie etwa mit dem bekannten Ausdruck: „Maulaffen feil halten", der auch keinen Sinn hat und aus dem plattdeutschen „veel dat Mul open halten" (viel das Maul offen halten) entstanden ist.

Wann darf in Dresden der Teppich geklopft werden?

„Sehr verehrter Briefkastenonkel! Ich möchte Dich heute in einer Frage interpellieren, die vor noch nicht langer Zeit sowohl in den „Dresdner Nachrichten" als auch in anderen Dresdner Zeitungen behandelt worden ist, ohne daß im geringsten eine Besserung erzielt worden wäre. Aber der Schluß der Hygiene-Ausstellung bringt mich von neuem darauf. Ich meine die Frage des Teppichklopfens. Vorläufig muß es wohl noch stattfinden, denn die Staubsaugapparate sind noch nicht für jeden Haushalt erschwinglich. Jedenfalls ist es aber einer Stadt wie Dresden, wo eben die erste Hygieneausstellung der Welt stattgefunden hat, wo so viel über Wohnungsfürsorge gesprochen ist, vollständig unwürdig, daß in bestimmten Gegenden ihre Bewohner bereits von 6 Uhr ab aus dem Schlafe geklopft werden, nicht ausnahmsweise einmal, da kommt es auch schon vor 6, sondern gewöhnlich mehrmals wöchentlich. Diesem ersten Klopfen schließen sich bald andere an. Mit Vorliebe wird auch in den Mittagsstunden geklopft, alles zu einer Zeit, wo viele von oft schwerem, anstrengendem Beruf sich ausruhen und stärken möchten für neue Arbeit. Die Bewohner Dresdens haben ein Recht auf Schutz gegen diese Unsitte. Aber warum geschieht hier nichts? Welche Stellen sind in dieser Frage zuständig? Man braucht ja gar nicht so weit zu gehen wie in anderen Großstädten, daß man die Zeit des Klopfens auf 8 bis 11 Uhr vormittags beschränkt, jedenfalls müßte aber behördlich verboten werden, daß früh vor 8 Uhr und in den Mittagsstunden von 12 bis 3 Uhr geklopft wird. Auch die Frage des Klavierspielens bei offenem Fenster könnte hierbei mit erledigt werden. Unsere Rivalin Leipzig ist uns darin mit gutem Beispiel vorangegangen und hat es verboten. Möchten dem auf der Ausstellung Gezeig-

ten und Besprochenen nun auch die Taten folgen! Die Behörde kann gar viel dazu beitragen, die Bewohner einer Stadt vor schädlichen Störungen zu bewahren, ihre Nerven zu schonen und so das Leben für sie erfreulicher und erträglicher zu gestalten."

Ihre Klagen sind vollauf berechtigt, und ich bin auch felsenfest überzeugt, daß der von Ihnen gewünschte Ukas, der das Teppichklopfen vor 8 Uhr früh usw., sowie das Klavierspielen bei offenen Fenstern ein für allemal verbietet, eines Tages auch in Dresden noch aus dem längst bebrüteten Ei schlüpft. Es fragt sich nur, wer´s erlebt.

„Herr Ober, eine ‚Luisensuppe‘ bitte!"

Nicht jeder Gast in einem vornehmen Weinrestaurant in Dresdens Innenstadt verfügte über sichere französische Kenntnisse in Wort und Schrift. Aus diesem Grunde freute er sich umso mehr, wenn sein Lieblingslokal in der Kaiserzeit dem Trend folgte, zukünftig die Speise- und Getränkekarten in deutscher Sprache abzufassen. So entdeckte unser Feinschmecker kurz vor dem Ersten Weltkrieg eine Suppe mit den klangvollen Namen „Luisensuppe". Das besondere Rezepte klangvolle Namen besonders bedeutender Persönlichkeiten erhielten und in französischer Sprache den Gästen empfohlen wurden, kannte er aus den vergangenen Zeiten. Sicherlich wird es wieder etwas ganz Delikates seien und in seinen Gedanken fragte er sich, welcher „Luise" diese neue Kreation nun gewidmet sei. Dachte der Küchenmeiser im Jahre 1913 an die jung verstorbene Preußenkönigin Luise, die für ihr Engagement für Deutschland im Jahr des hundertsten Jubiläums der Völkerschlacht hier eine besondere Ehrung finden sollten. Oder galt es doch eher „Luise von Toscana", der vor einem Jahrzehnt geflohenen Kronprinzessin und ehemaligen Ehefrau des jetzigen sächsischen Königs?

Ein damaliger Gesellschaftsreporter hielt folgenden Dialog fest.

„… Eine Dame – Stammgast – studiert die Menükarte. Als erstes steht da zu lesen: „Luisensuppe". Sie bestellt Luisensuppe und fragt den Herren des Hauses, der gerade vorübergeht: „Ach gestatten Sie … Luisensuppe, was ist das eigentlich?"

Der Herr des Hauses lächelt, lächelt, lächelt und sagt: „Aber Gnädigste haben noch keine Luisensuppe gegessen? Luisensuppe haben wir doch alle Tage … Luisensuppe, das ist … Luisensuppe …"

Der Geschäftsführer kommt gerade vorüber.

Der Herr des Hauses: „Ach, Herr Geschäftsführer, kommen Sie doch einmal her und erklären der gnädigen Frau, was Luisensuppe ist!"

Der Geschäftsführer lächelt, lächelt …und sagt: „Aber gnädige Frau wissen nicht, was Luisensuppe ist? Luisensuppe haben wir doch alle Tage … Luisensuppe … Luisensuppe … das ist …"

Der Ober Nr. 1 geht gerade vorüber.

Der Geschäftsführer: „Ach Herr Ober, ich habe jetzt keine Zeit, erklären Sie doch mal schnell der gnädigen Frau, was Luisensuppe ist!"

Der Ober Nr. 1: „Luisensuppe gnädige Frau? Aber Luisensuppe haben wir doch alle Tage. Luisensuppe … Luisensuppe … das ist …"

Der Ober Nr. 2 geht gerade vorüber.

Der Ober Nr. 1 ruft den Ober Nr. 2 heran.

Der Ober Nr. 2: „Luisensuppe, gnädige Frau, Luisensuppe die wird gemacht aus …"

Letztendlich hatte auch der Hilfskellner die vornehme Verlegenheit vom Hausherren bis zu seinen unmittelbaren Vorgesetzten bemerkt. Er wählte den einfachsten Weg zur Lösung dieses Problems. Er rannte in die Küche, um den Küchenmeister zu fragen, was denn unter der Luisensuppe zu verstehen sei. Atemlos kehrte er zurück und klärte die noch immer rätselnde Gemeinschaft auf:

„… Es ist bloß ein Druckfehler – es heißt Linsensuppe …"

Verfälschte Lebensmittel
schon vor dem Ersten Weltkrieg

In der zweiten Hälfte des 19. Jahrhunderts stand es mit der Qualität zahlreicher Lebensmittel nicht zum Besten. Verfälschungen – insbesondere bei Milchprodukten – nahmen überhand. Deutschland befand sich im Übergang vom Agrar- zum Industriestaat. In kürzester Zeit entstanden auch in der Nahrungsmittelbranche zahlreiche Betriebe. Spekulationswut und schnelles Streben nach Gewinn bestimmten die „Gründerzeit". Und damals wie heute gab es Unternehmer, die ohne Rücksicht auf die Gesundheit der Konsumenten schädliche Lebensmittel in den Handel brachten.

Die rasante Stadtentwicklung und neue Verkehrsanbindungen durch die Eisenbahn erschwerten effektive Kontrollen. Zwar gab es schon erste selbstständige Nahrungsmittelchemiker, die Proben untersuchten, doch es hatte zunächst den Anschein, als ob sie oft von ihren Auftraggebern abhängig seien. Der Verbraucher wurde zunehmend verunsichert. In vielen großen Städten bildeten sich Vereine gegen die Verfälschung von Lebensmitteln. Mehrfach sah sich der deutsche Reichstag veranlasst, sich mit zahlreichen Beschwerden zu befassen. Medizinische und chemische Sachverständige wurden zu Rate gezogen. Am 14. Mai 1879 wurde dann das „Gesetz betreffend mit Nahrungsmitteln, Genußmitteln und Gebrauchsgegenständen" in Kraft gesetzt. Dutzende von Einzelgesetzen folgten, in denen die Beschaffenheit und Zusammensetzung einzelner Lebensmittel festgelegt wurden. Empfindliche Strafen waren bei Verstößen vorgesehen. Nun oblag es den Kommunen, entsprechende Kontrollorgane zu schaffen.

Bei der Umsetzung zögerte zunächst der Dresdner Stadtrat. Noch verließ man sich auf die bestehenden „Handelslaboratorien". Andere deutsche Großstädte hatten schon längst ihre eigenen Untersuchungsanstalten und gute Erfahrungen damit gemacht. Das überzeugte letztendlich. Am 1. August 1896 wurde das „Chemische Untersuchungsamt der Stadt Dresden" im ehemaligen Schießhaus in der Wilsdruffer Vorstadt eingeweiht.

Die Aufgaben des neuen Amtes waren in drei Punkte untergliedert. Erstens: Unterstützung der städtischen Wohlfahrtspolizei „bei der Handhabung des Nahrungsmittelgesetzes und bei der Lösung sonstiger die öffentliche Gesundheit betreffender Fragen". Zweitens: „Vornahme von Nahrungsmittel-Untersuchungen für Händler und Konsumenten gegen eine entsprechende Gebühr". Drittens: die Erteilung von fachspezifischen Auskünften für alle Rathausabteilungen. Ein breites Arbeitsfeld für nicht einmal zehn Mitarbeiter. Dazu gehörte auch ein „Ratsbote", der die neuesten Untersuchungsergebnisse eiligst ins Rathaus am Altmarkt zu befördern hatte.

Das wissenschaftliche Personal hatte zahlreiche Proben auszuwerten. Bereits im Gründungsjahr konnte es sich über erste kleine Erfolge freuen. Dafür sprechen zwei Bekanntmachungen des Dresdner Stadtrates. Die eine betraf den Handel mit Schwarzbrot. Es wurde angeordnet, dass der Transport zum Endverbraucher nur noch „in reinlichen, mit gut verschließbaren Deckeln versehenen Kisten und Körben" erfolgen durfte. Die zweite beschäftigte sich mit dem Bierausschank. Gastwirten wurde die Verwendung der bisher üblichen Bleimantelrohre in ihren Zapfanlagen verboten. 330 Proben wurden bis Ende 1896 untersucht. 39 Prozent davon waren zu beanstanden.

Das umfangreiche Arbeitspensum gestattete es den Chemikern nur sehr selten, selbst Proben an Ort und Stelle zu nehmen. Unterstützung fanden sie bei der Wohlfahrtspolizei. Speziell geschulte Beamte und die Stadtbezirks-Inspektoren bearbeiteten Anzeigen oder waren als Kontrolleure unterwegs. Sie leisteten gute Arbeit. Erschreckend hoch war die Zahl der Beanstandungen in den Jahren 1897/98: „Hackfleisch 86 Prozent, von Mehl 46 Prozent, von Milch 80 Prozent".

Weitere Pionierarbeit war zu leisten. Zunächst hieß es, der zunehmenden Verfälschung der Butter Einhalt zu gebieten. Sie wurde oft mit der preiswerteren Margarine gestreckt. Ein neues Gesetz verbot bei Strafandrohung diese Machenschaften. Nicht alle Bestimmungen konnten aber durchgesetzt werden. So zum Beispiel das Verbot,

Butter und Margarine im gleichen Raum zu verkaufen. Doch erwies es sich als nützlich, Margarine nur noch in „Würfelform mit besonderer Beschriftung und genauer Bezeichnung" verkaufen zu dürfen. Weiterhin wurde vorgeschrieben, bei der Fabrikproduktion Sesamöl zuzusetzen. Dies erleichterte den Lebensmittelchemikern ihre Untersuchungen, da sie die Produkte leichter identifizieren konnten.

1897 warnte der Stadtrat vor konservierten Lebensmitteln aus dem fernen Amerika. Dort wurde für das Haltbarmachen des Pökelrindfleisches zuviel Borsäure verwendet. Der Verkauf dieser Fleischdosen wurde deshalb verboten. Und auch gegen eine andere Unsitte wurde vorgegangen. Hotels und Speiselokale sollten zukünftig nicht mehr – wie bisher üblich – Speisenreste zu einem geringen Entgelt an die Armen verkaufen. Es waren bereits erste Gesundheitsschäden festgestellt und das „Chemische Untersuchungsamt" eingeschaltet worden.

Die Überprüfung der Wasserqualität gehörte zu den Daueraufgaben. Auch in den Fragen der Errichtung der Schwemmkanalisation waren chemische und bakteriologische Untersuchungen erforderlich. In der Stadt waren damals schon zahlreiche Wasserklosett-Anlagen installiert. Feste Fäkalien sammelte man bis dahin in speziellen Gruben. Die flüssigen Anteile ließ man über spezielle Schleusen ablaufen. Es wurde an der Forderung festgehalten, den Grubeninhalt der Wasserklosett-Anlagen zu desinfizieren. Die Aufnahmefähigkeit der Elbe für Schmutzwasser war nämlich begrenzt.

Auf der ersten Internationalen Hygiene-Ausstellung 1911 ergab sich auch für das „Chemische Untersuchungsamt der Stadt Dresden" die Möglichkeit, seine fünfzehnjährige Arbeit einem breiten Publikum vorzustellen. „An der Ausgestaltung mehrerer Abteilungen waren alle Angestellten des Untersuchungsamtes beteiligt", berichtet Dr. Paul Pannwitz, der dieses Recherchematerial im Jahre 1956 zusammenstellte. Und jene ließen sich auch etwas einfallen. Eine Dokumentation von Ortsgesetzen des Dresdner Stadtrates zeigte das Bemühen um Verbesserung der hygienischen Verhältnisse. Fragen der Lebensmittelkontrolle und letztendlich der Hygiene bekamen einen neuen Stellenwert.

Über fünf Millionen Besucher aus vielen Ländern besuchten diese Ausstellung. Dass drei Jahre später der Erste Weltkrieg das Weltgeschehen bestimmen würde, ahnten wohl nur wenige. Und da standen Dresdens Lebensmittelchemiker vor ganz anderen Herausforderungen.

Der Autor dankt Steffen Müller, der dieses einmalige Zeitdokument zur Verfügung stellte.

Als zum ersten Mal die „Gulaschkanone" in Stellung gebracht wurde

Anfang Juni 1916 gab es in der sächsischen Residenzhauptstadt eine neue „Attraktion" zu bewundern. Erstmals wurden zur Versorgung der Zivilbevölkerung an belebten Plätzen „Gulaschkanonen" eingesetzt. So auch auf dem damaligen Konkordienplatz in der Vorstadt Pieschen. Zu jener Zeit betrieb der „Verein Volkswohl" bereits neun ständige „Speiseanstalten" und versorgte die „minderbemittelte" Bevölkerung. Doch schon längst konnten nicht alle versorgt werden. So kamen die „rollenden Reisekochtöpfe" der sächsischen Armee zum Einsatz.

Diese „eigenartigen Gefährte" waren eigentlich für die Versorgung der Militärtruppen konstruiert worden. Knapp ein Jahr zuvor hatte die „Dresdner Rundschau" den Erfinder der Gulaschkanone gewürdigt. Dabei sollte es sich um den gebürtigen Thüringer Gustav Liebau handeln. Bereits in den 1860er-Jahren beschäftigte sich der leidenschaftliche Tüftler und Erfinder mit der Idee, „fahrbare Feldküchen" zu entwickeln. Als Teilhaber einer Maschinenfabrik in Breslau entwickelte er „Dämpfer zum Kartoffeldämpfen in Spiritusbrauereien". Diese Erfindung war die Grundlage für einen fahrbaren Untersatz, mit dem viele Menschen mit Essen versorgt werden konnten. Liebau „ ging nun flugs daran, einen vierrädigen Wagen zu konstruieren, errichtete in dessen Mitte einen Dampfkessel und hing vor und hinter diesen in Zapfen je einen Kochkessel auf. Der vordere konnte nach vorn, der hintere nach rückwärts gekippt werden. Einer war aus Kupfer und für Fleisch bestimmt, der andere aus verzinktem Eisenblech für Kartoffeln und Gemüse. Beide hatten Doppelwände, während durch den Zwischenraum unter dem geringen Druck von vielleicht anderthalb Atmosphären der die Speisen kochende Dampf umströmte. Um die beiden Kessel zog sich eine Plattform etwa in Höhe der Räder …"

Die gesamte Konstruktion „war so leicht gebaut, daß zwei Pferde es mühelos fortbewegen vermochten." Für die notwendige Dampferzeugung konnten Holz oder Steinkohle verfeuert werden. Sie war zur Versorgung von Erntearbeitern vorgesehen. Aber auch dem Militär bot man um 1869 dieses neue Produkt der Maschinenfabrik zum Kauf an. Die Militärvertreter waren begeistert. Konnten doch nun die Soldaten bei Manöverübungen mit warmem Essen versorgt werden. Soldaten werden es dann wohl auch gewesen sein, die dieses Gefährt liebevoll als „Gulaschkanone" bezeichneten. Der Volksmund übernahm diesen Namen.

Im Ersten Weltkrieg gehörten die Feldküchen zur Grundausrüstung der Armee. Zahlreiche neugierige Dresdner wollten im Frühsommer 1916 eine solche „Gulaschkanone in voller Tätigkeit sehen". Weitaus größer war aber die Zahl „von Kostgängern jeden Alters und Geschlechtes", welche auf diese warme Mahlzeit angewiesen waren. Die „Sächsische Staatszeitung" war jedenfalls begeistert von dieser neuen Einrichtung und der Organisation: „… In musterhafter Ordnung und Schnelligkeit wickelt sich der Speisebetrieb ab. Da gibt es kein banges, ärgerliches Warten, sondern von der gutmütigen Würde eines Wohlfahrtsschutzmannes betraut, reihen sich die topf- und schüsselbewehrten Mittagsgäste ohne Murren und Drängen hintereinander. Und gar schnell kommt die Reihe an jeden einzelnen. Da wird erst von dem begleitenden Kassenleuten, der auch der jeweiligen Fleischmarken säuberlich mit der Schere abtrennt, gegen das bare Geld – die reichliche Mahlzeit kostet 35 Pf. und an fleischlosen Tagen gar nur 25 Pf. – die entsprechende Blechmarke eingetauscht und gegen diese wird dann an den feldgrau beräderten ‚Kanone‘, deren ständig unter Feuer gehaltene mächtige Kessel aus der gefahrlosen „Mündung" lockende Düfte entsendet, die dampfende Brühe verabfolgt. Ein Blick in die Gefäße lehrt, wie sauber und appetitlich die Suppe – diesmal ist's Fleischbrühe mit Nudeln – anschaut, und ein paar Probelöffel bestätigen uns erst recht, wie nahrhaft und schmackhaft diese wohlfeile Volksspeise zubereitet ist …" Hunderte von Portionen aus den „bauchigen Kessel" waren schnell verteilt. Insbesondere der „Arbeiter- und Kriegerfrau" war die Last des heimischen Kochens abgenommen worden, die oft vor den Türen der leergekauften Fleischereien standen. Auch nach dem verlorenen Ersten Weltkrieg wurde auf die „fahrbaren Kücheneinrichtungen" nicht verzichtet. Für eine Massenverpflegung waren sie unverzichtbar. Und manchmal auch dort, wo man es gar nicht vermuten würde. Zum Beispiel in den Küchenräumen des Bahnhofs Dresden-Neustadt im März 1921. In Oberschlesien wurde im Rahmen einer Volksabstimmung darüber entschieden, ob es zukünftig zur Weimarer Republik oder zu Polen gehören sollte. Stimmberechtigt waren auch die deutschen Bürger, welche im fraglichen Gebiet geboren wurden und bereits im Kaiserreich in anderen Städten und Gegenden wohnten. All jene zugelassenen Wählerstimmen wurden mobilisiert und ihr Weg zur Wahlurne in Sonderzügen kreuzte auch Dresden. Die eingebaute Küchentechnik reichte dazu nicht aus. So wurden auch während des gut organisierten Zwischenaufenthalts Feldküchen eingesetzt, wovon die Gäste in den Wartesälen kaum etwas ahnten.

Im „Kohlrübenwinter" in Dresden 1916/17

In der Vorweihnachtszeit 1916 wurde die Bevölkerung auf den nächsten Engpass in der Lebensmittelversorgung vorbereitet. Das städtische Lebensmittamt teilte mit, dass es bei der Lieferung von Speisekartoffeln zu Verzögerungen kommen könne. Die Schuldigen

sah man in den Verantwortlichen der „Provinz Posen, die zur Lieferung an die Stadt Dresden verpflichtet" seien. Oft wurden die
bestellten Liefermengen nicht eingehalten oder in der jetzt schon
kälteren Jahreszeit waren die Kartoffeln von minderer Qualität,
weil sie angefroren waren.

Doch Not macht erfinderisch! So dachte auch die „Sächsische
Staatszeitung", deren Leserkreis den wohlsituierten Bevölkerungs-
kreisen angehörte. Der Ansicht vieler Hausfrauen, dass angefrorene
Kartoffeln ungenießbar seien, stellte man nützliche Tipps entgegen:
„Es empfiehlt sich, angefrorene Kartoffeln möglichst sofort in kaltes
Wasser zu legen, deren bis zu einer Stunde darin zu belassen und
gut zu trocknen, falls sie nicht zugleich zubereitet werden sollen.
Während sie in kaltem Wasser liegen, ist selbstverständlich darauf
zu achten, daß dieses nicht gefriert. Die Kartoffeln verlieren bei dieser Behandlung den süßlichen Geschmack, der ihnen sonst anhaf-
tet …"

Eine weitere Verarbeitung als Salat, Mus oder Klöße wurde empfohlen. Wohl dem, der für seine Lebensmittelkarte überhaupt einen
kleinen Kartoffelvorrat anlegen konnte.

Am 4. Januar 1917 kam die nächste schlechte Nachricht. „Die Kohlrüben müssen in diesem Winter teilweise die Kartoffeln ersetzen"
heißt es einleitend in einem Artikel. Jene seien zwar „weniger mehl-
artig und daher nicht so nahrhaft wie Kartoffeln", aber „reichlich
dick gekocht" sorgten sie für den gleichen Sättigungswert. Zunächst
dienten sie in den Rezepturempfehlungen als Streckungsmittel.
Unter anderem gab es jetzt die beliebte Kartoffelsuppe mit Kohlrüben und Rauchfisch (getrockneter Fisch), die Gelben Erbsen mit
Kohlrüben und einem geringen Speckanteil, und wer noch ein kleines Stück Rind- oder Schweinefleisch ergattert hatte, aß dazu Kohlrüben und Kartoffeln.

„Kohlrüben und Kartoffeln schälen und nach Belieben in Streifen
oder Würfel schneiden. Fleisch mit Wasser, Salz und Zwiebel anko-
chen; Kohlrüben zufügen und halbweich kochen; dann die Kartof-

felstückchen hineingeben und alles zusammen fertig kochen. Mehl ohne Fett braun rösten, mit kaltem Wasser glatt rühren und in dem Gemüse durchkochen lassen. Fleisch beim Anrichten in Würfel schneiden und mit Kohlrüben und Kartoffeln vermischen."

Doch auch auf ihre beliebten Quarkkeulchen sollte die Dresdner Bevölkerung nicht verzichten. Da die erforderlichen Zutaten schon lange rationiert waren, erfanden pfiffige Zeitgenossen die „Kohlrübenkeulchen". Sie wurden wie folgt zubereitet:

„Drei Pfund Kohlrüben waschen, schälen, in Stücke schneiden und weichkochen, das Wasser abgießen, gut abdämpfen lassen, durch die Fleischmaschine drehen. Ein Ei mit etwas Zucker und Salz schäumig gequirlt, mit den Kohlrüben vermischt, ungefähr fünf Esslöffel Mehl dazu und ein Backpulver. Die Keulchen werden in der Pfanne in etwas Öl oder Fett gebacken, mit Zucker und Zimt bestreut."

Dem Erfindungsreichtum waren keine Grenzen gesetzt. So sollte zum Beispiel die Kohlrübe den Weißkohl bei der Sauerkrautherstellung ersetzen. Der Geh. Hofrat Prof. Dr. Förster von der Technischen Hochschule Dresden informierte über seine Versuche, dieses Gemüse über eine noch längere Zeit haltbar zu machen. Kleine getrocknete Rübenschnipsel sollten ähnlich wie getrocknete Pilze aufbewahrt werden können.

Phantasie war auch in den Dresdner Bäckereien gefragt. Hier hieß es nicht Kartoffeln zu ersetzen, sondern mit weniger Mehl auszukommen. Das gleiche Problem, vor dem auch die Hausfrau stand, um mit knappen Zutaten Kuchen zu backen.

Hier ein Vorschlag vom April 1917:

Zutaten:
4 Pfd. Runkelrüben (Gewicht der rohen, geschälten Rübe), Zitronensaft und Salz zum Kochen, 2 Pfd. Mehl, 2 gute Backpulver, 1 bis 2 Eßlöffel Zucker (für kuchenähnliches Gebäck 4), 2 Kaffeelöffel

Salz, etwas Zitronenschale und Zimt, etwas Kümmel (für kräftigeres Gebäck) zum Ausstreichen der Backformen Fett, Majoran, Öl oder Wachs

Herstellung:
Die Runkelrübe wird gewaschen, geschält, gerieben, durch einen Beutel fast ausgedrückt (das Wasser nicht wegschütten) und sofort, damit das Geriebene nicht schwarz wird, eine halbe Stunde mit etwas Salz und ein paar Tropfen Zitronensaft in überstehenden Wasser gekocht. In dieser Zeit muß dieses soweit eingekocht sein, daß das Geriebene einen dicken Brei ergibt. Diesem läßt man durch ein Sieb abtropfen und erkalten.

Ist das geschehen, so untermischt man den Rübenbrei mit der einen Hälfte des Mehles, das Backpulver mit der anderen, gibt Gewürz, Salz und Zucker hinzu und wirkt den Teig aus. Fehlt noch etwas Flüssigkeit, so nimmt man von dem durch ein Sieb abgetropften Rübenwasser hinzu, ist der Teig glatt verarbeitet, so gibt man ihn in die ausgestrichene Pfanne und setzt ihn sofort zum Backen in die heiße Röhre.

Die kleine „Runkelrübe" ließ sich natürlich durch die weitaus größere Kohlrübe ersetzen. Dabei war das Verhältnis von jeweils zwei Pfund Mehl und Kohlrüben zu beachten. Diese mussten auch weitaus länger in reichlich Wasser gekocht werden, um sie „von dem ihr anhaftenden scharfen Geschmack" zu befreien. Dies funktionierte offensichtlich so gut, dass man im bekannten „Café Berger" auf der Wilsdruffer Straße sogar mit einer schmackhaften Pralinenfüllung aus Rüben experimentierte.

Mit Volkszorn gegen „Beese Zeiden"

In den Jahren des Ersten Weltkrieges wurde die Beschaffung von Lebensmitteln zur Tagesbeschäftigung. Nicht alles, was die Hausfrau organisierte, fand die Zustimmung des Hausherrn. Doch alles

Gemurre nutzte nichts. Schon längst hatte er eingesehen, dass sein heiß geliebter Wurstaufschnitt aus Ziegenfleisch hergestellt wurde. Vielleicht linderte es ja seinen Kummer, dass eine Pieschener Hausfrau diese dramatischen Jahre in Versform verarbeitete.

Ziegenworscht

Jetzt, da duhn se in der Schtadt
Nischt wie Ziegenworscht verkaufen,
Dabei wern' 'se iewerloofen,
Weil man keene andere hat.
Und natürlich uff die Weise
Zu einen ganz horrenden Preise!

Kurze, dicke, lange, dinne,
Alle Größen und Formate,
Wie in'n diefsten Frieden gerade,
Bummeln an den Wänden drinne.
S' is datsächlich kaum ze gloom,
Fast so wie e scheenen Droom!

Mordadella, Servalat,
Grobe, kleine Leberwürschte,
Zweete Sorde oder erschte,
Kurz un gud, es is e Schtaat,
Daß es een derbei amende
Richtig läbbrig wer'n gleich kennde!

Awer nich bloß Worscht von Ziegen
Sieht mer in än Iwerfliuß,
Daß mer driewer schtaunen muß,
In dän Ladenfenstern liegen,
Nee, ooch Silze, sapperlot;
Großgewerkelt, rosenrot!

Ja, es da verleicht e Wunder,
Wenn een Wißbegierde klagt

Und mer sich in'n Stillen fragt,
(Schließlich auch mal laud mitunder),
Wenn das werklich Ziege wär,
Wo käm'n die bloß alle her?

Wie'ch mal dahär in'n Laden fragen,
Was da eegentlich dran wäre,
Sprach das Freilein so daquere:
„Ja, das kann'ch Sie ooch nich sagen!"
Mir verkoofen, wie mer'sch kriegen
Und wir nehm'se ähm for Ziegen!"

„Na, mich kennen nich verdummen,
Wemner richtig darnach forscht,
Machens sin mer miid der Wurscht
Glicklich auf den Hund gekommen.
Kann mer'sch wissen, weeß mer'sch denn:
Was so alles Ziegen nenn'?

Wo die anfängt, oder endet?
Schließlich wer'n nuch andere dulle,
Selt'ne und geheimnißvolle
Viecher auch herzu verwendet!
Worscht ist Worscht, wenn die nur schmeckt,
Schnuppe is, was drinne schreckt!"

Als die Tiere des Dresdner Zoos um ihr Leben bangen mussten

In Hungerszeiten drehen sich die Gedanken ständig ums Essen. So auch im Jahre 1917. Der „Kohlrübenwinter" war gerade überstanden. Doch die Versorgung mit Fleisch war noch lange nicht gewährleistet. Trotz der eingeführten Lebensmittelmarken ging oft ein großer Teil der Bevölkerung leer aus. Ebenso auch zahlreiche Dresdner Gastwirte. Es wurde zunehmend schwerer, überhaupt noch etwas auf den Tisch zu bringen. Und so war es denn nicht verwunderlich, dass die Köche sich nach neuen Fleischlieferanten umschauten.

Hervor tat sich dabei Rudolf Hoppe, der Sohn des Pächters der Restaurationslokalitäten im Bahnhof Dresden-Neustadt, Theodor Hoppe. Der damals 23-Jährige veröffentlichte am 1. Juni 1917 in der Fachzeitschrift „Zeitung der Köche" einen Beitrag, in dem er auf eine ungewöhnliche Fleischquelle verwies.

Seltene Leckerbissen

„Bei der Knappheit an Lebensmitteln sei einmal auf die Leckerbissen hingewiesen, die unsere Zoos noch bieten könnten. In der Not, die zum Verwerten exotischer Tiere drängte, sondern berühmte Esskünstler und Feinschmecker unternahmen geradezu Kunstreisen, um diese Leckerbissen an ihrem Ursprungsorte zu genießen. Beim amerikanischen Bison ist die Zunge ein ausgesuchter Leckerbissen, das übrige Fleisch sehr zäh, kaum wohlschmeckend, wenn auch nicht völlig ungenießbar. Auch die Zungen von Elentieren und Rentieren schmecken geräuchert vortrefflich, man findet sie namentlich in Skandinavien oft auf Speisekarten von Gasthöfen und Fremdhöfen. Dort sind auch Elche zur ständigen Nahrung bestimmt, und ich glaube kaum, dass bei uns jemand ein fein und kunstgerecht bereitetes Würfelfleisch vom Elch stehen lassen würde. Der amerikanische Prärie-Büffel wird, wie Kenner berichten, besonders seines Höckers wegen verfolgt und getötet. Dieser mit Fett durchwachsene Fleischklumpen soll am Rost gebraten das Leckerste sein, was man der Zunge bieten kann. Viele Feinschmecker haben dieses Büffelhöckers wegen die Reise nach Amerika gemacht und sich für alle Müheseligkeiten der Reise und der sehr beschwerlichen, ja gefährlichen Jagd dieses Tieres durch den Genuss seines Höckers entschädigt gefunden. Auch der Bär ist in der Feinschmeckerküche geschätzt. Er schmeckt in allgemein weichlich, fast wie Schweinefleisch. Kopf und Tatzen sind lecker, und ein feister Bärenschinken hat immer seine Liebhaber gefunden. Im Oktober sind junge Braunbären am fettesten, daher auch an wohlschmeckendsten. Das Kamel liefert zunächst eine ebenso ergiebige wie nahrhafte Milch, die man ehedem als bestes Heilmittel gegen die Wassersucht pries; z. B. trinken die Beduinen immer Kamelmilch, um den Körper zu stählen. Junges und zartes Kamelfleisch hat den Geschmack von bestem Kalbfleisch, doch werden nicht Arbeitskamele, also Tiere zum Reiten oder Lasttragen geschlachtet, sondern schneeweiße Tiere, deren Fleisch rot und sehr fett ist. Das Lama hat ein vortreffliches, gesundes, schmackhaftes Fleisch, vor allem das der Jungen von vier bis fünf Monaten. Der Biberschwanz, im Gewicht von drei bis vier Pfund, wird von den Missouri-Jägern für eine der köstlichsten Leckerspeisen gehalten, und europäische Reisende haben diese Behauptung bestätigt. Nur soll man das unter den Schuppen liegende Fleisch zur Seite legen, weil es seinen Trangeschmack niemals verliert. Elefantenfüße und -rüssel, sowie Flusspferdzungen sind orientalische Leckerbissen. Elefantenfleisch ist ebenfalls sehr beliebt und wird oft als saftiger und schmackhafter gefunden als Rindfleisch. Beim Kängeruh wird uns, wegen der stattlichen Fürsorge für die Ernährung, sicherlich nicht nötigen, noch sehr mehr solcher Seltenheiten aufzustöbern. Aber die Untersuchungen über die Genusfähigkeit der Tiere erscheinen doch nicht ganz unnütz, wenn man hört, was Brillat-Savarin (ein berühmter französischer Esskünstler 1755 bis 1826) sagte: Die Entdeckung eines neuen Gerichtes ist für das Glück des Menschengeschlechtes von größerer Bedeutung, als die Entdeckung eines neuen Gestirns ..."

Tatsächlich stand im März 1917 Elefant auf der Speisekarte. – Doch der stammte aus dem Zirkus Sarrasani.

Als sich die Dresdner um die Stimmen der Oberschlesier mühten

Es war schon einige Jahre her, dass auf dem Personenbahnhof Dresden-Neustadt so viele Menschen zusammengekommen waren. Von Tausenden von Schaulustigen wird in der örtlichen Tagespresse berichtet. Ein solches Bild sah man wohl zum letzten Mal in den

Anfangsmonaten des Ersten Weltkrieges, als noch euphorisch Angehörige der sächsischen Regimenter an die Front verabschiedet wurden. Am 20. März 1921 galt das Interesse den Oberschlesiern, die in einer Volksabstimmung darüber entscheiden sollten, ob ihre Heimat weiterhin als deutsches Staatsgebiet verwaltet werden oder ob es nach den Bestimmungen des Versailler Vertrages Polen zugesprochen werden sollte.

Nach dem Ende des Ersten Weltkrieges hatte sich die politische Situation verschärft. Die Siegermächte England, Amerika und Frankreich konnten sich nicht einigen. Die ersten Jahre der Weimarer Republik waren durch Parteienstreit gekennzeichnet. Das Industriegebiet um Kattowitz war dem Völkerbund unterstellt. Schon seit einiger Zeit gab es dort Streit zwischen den deutschen und polnischen Bewohnern. Nun sollte die Volksabstimmung die Lage befrieden. Als wahlberechtigt zählten nicht nur die ortsansässigen Einwohner unterschiedlicher Nationalität, sondern auch die durch die Kriegsereignisse in ganz Deutschland verstreut lebenden Oberschlesier, die aus dem Unruhegebiet geflüchtet waren. Nicht Parteien mühten sich um deren Stimme, sondern Vereine. Hervor taten sich dabei die „Freie Vereinigung zum Schutze Oberschlesiens" und der „Verband Heimattreuer Oberschlesier". Es ist wenig bekannt, dass diese auf Initiative der Deutschen Industrie- und Handelskammer gegründet worden waren.

Die sächsische Landeshauptstadt Dresden erwies sich in jenen Zeiten als guter Gastgeber. Der Personenbahnhof Dresden-Neustadt diente als Verpflegungsstation zahlreicher stimmberechtigter Oberschlesier. Reisende mehrerer Sonderzüge hatten hier ihren etwa halbstündigen Zwischenaufenthalt. Mehrere ortsansässige Vereine betreuten in Zusammenarbeit mit dem Bahnhofswirt Theodor Hoppe die Gäste.

Die „Dresdner Nachrichten" berichteten unter der Überschrift „Organisationsarbeit für Oberschlesien" über jenes Ereignis. So heißt es: „Am 19. März abends 8 Uhr 17 Minuten fuhr der erste Sonderzug mit Abstimmlern für Oberschlesien in die Halle des

Bahnhofs Dresden-Neustadt ein, und am 31. März 9 Uhr 45 Minuten hat der letzte Zug mit heimkehrenden Oberschlesiern Dresden verlassen. Im ganzen haben auf der Fahrt nach Oberschlesien 50 Sonderzüge den Bahnhof Dresden-Neustadt berührt, bei der Heimkehr der Stimmberechtigten waren es 21 Züge, die abgefertigt wurden. Hierbei wurden 50.000 Personen empfangen, verpflegt und beraten."

Bei der Hinfahrt wurde jeder einzelne Sonderzug unter den Klängen einer Musikkapelle empfangen. An den einzelnen Waggons hatten sich junge Leute, meist Schüler oder Studenten, postiert. Sie hielten Holzstangen mit großen Plakaten hoch, auf denen Nummern geschrieben waren. Dies sollte den Fahrgästen nach ihrem Zwischenstopp helfen, wieder das richtige Wagenabteil zu finden. Gleichzeitig sollten die jungen Männer das zurückgelassene Gepäck bewachen. Reisende, die aus gesundheitlichen Gründen die Zugabteile nicht verlassen konnten, wurden am Platz verpflegt. Auch bot ein Heer von Sanitätern seine Hilfe an. Für Reisende, die sich nicht von ihrem Gepäck trennen wollten, standen kostenlose Kofferträger bereit.

So ging es dann hinunter über die zwei großen Bahnsteigtreppen in die reservierten Wartesäle. Ein „Absperrdienst in der Halle" ermöglichte den freien Zugang zu den gedeckten Tafeln. Hier hatten verschiedene Gesangsvereine Aufstellung genommen, die in einem gut abgestimmten Kurzprogramm die Oberschlesier begrüßten. Dazu zählten etwa neben der bekannten „Dresdner Liedertafel" auch der „Gesangsverein der Eisenbahnbeamten". Auch ein „Gesangsverein städtischer Bürobeamte" fand lobende Erwähnung.

Tausende Schaulustige erkannten ihren Bahnhof nicht wieder. Vom Bahnsteig bis zu den Speisesälen war alles festlich geschmückt. Neben viel Tannengrün bestimmten die schlesischen Fahnenfarben Weiß-Gelb das Bild. Der sächsische Landesverband „Bund deutscher Architekten" zeichnete für die Ausschmückung verantwortlich. Für die Verpflegung war der Bahnhofswirt Theodor Hoppe verantwortlich. In den Nachkriegsjahren fehlte es für die großen Kochkesselanlagen noch an den notwendigen Brennstoffen. So war Improvisationstalent gefragt, um den genau ausgeklügelten Zeitplan einhalten zu können. Hoppe half sich, indem er vier Feldküchen in der großen Küche aufstellte. „Eine halbe Stunde vor Einfahrt der Züge wird der Abtransport von 20 Thermokesseln à 50 Liter auf 5 Ausgabestellen vorgenommen" ist aus dem Organisationsplan zu erfahren.

So wurden im „Fließbandrhythmus" die wahlberechtigten Oberschlesier bei ihrem Aufenthalt in Dresden begrüßt. Das gleiche Schauspiel bot sich bis zur ersten Morgenstunde des nächsten Tages. Die Gäste, die kurz vor ein Uhr abfuhren, wurden mit dem gleichen Programm empfangen. Und es harrten in den mitternächtlichen Stunden noch über achthundert Schaulustige aus, um mit ihrer Begeisterung die Wahlberechtigten für den Verbleib der Landesgebiete unter deutscher Verwaltung zu motivieren.

Sie hatten damit Erfolg. Ungefähr 60 Prozent der Wähler entschieden sich für einen Verbleib in der Weimarer Republik. Doch der politische Erfolg blieb aus. Nur wenige Monate später brachen die Auseinandersetzungen zwischen den polnischen und deutschen Einwohnern wieder aus. Die Situation wurde noch verschärft, weil die Siegermächte des Ersten Weltkrieges keine einheitliche Meinung hatten. Letztendlich einigte man sich darauf, das Ergebnis der Volksabstimmung zu missachten und Oberschlesien unter polnische Verwaltung zu stellen.

So gerieten auch die Bemühungen und die engagierte Arbeit der vielen ehrenamtlichen Helfer im März 1921 in Vergessenheit. Politische Desorientierung, Lebensmittelknappheit und die beginnende Geldentwertung bestimmten die Zeit, die in den folgenden Inflationsjahren einen traurigen Höhepunkt fanden. Doch das ahnte zu diesem Zeitpunkt der Verfasser dieses kleinen Gedichtes sicher nicht, der seine Beobachtungen unter dem Titel „Eine Fahrt nach Oberschlesien" im sächsischen Dialekt einem breiten Leserkreis weitergab:

„Nee, wär' es merklich nich so ernst, wer könnte neidisch sein.
Mit so viel Liebe laden se de Oberschlesier ein.
Das is de reene Luxusfahrt for manchen, der nie fuhr.
So manches alte Menschenkind fährt seine scheenste Tour.
In Bahnhof Neuschdadt gibt es erscht e merklich gutes Essen.
Dazu noch Kuchen extra fein, das wern se nie vergessen.
Noch Bohnenkaffee könn se ham, doch damit nicht genug,
Denn Bier, Brot, Wurscht werd noch verteilt, so geht bei jeden Zug.

De Herrlichkeeden hör'n nich uff, der Hilfsbund tut noch mehr.
Er bringt für arme Reesende sogar noch Kleider her.
Der Bahnhof is ganz wunderscheen for diesen Zweck geschmückt.
Damit de Oberschlesier sehn; wir wissen, was sich schickt,
Musike und Gesang sogar, die grießen froh die Leide.
Bei uns ja eben alles da, da gibt es keene Pleide.
Anschprachen wer'n gehalten noch: „Hoch oberschles'sches Land!
In deitscher Treie nei vereint, sei festgeschnippt das Band"

De ganze Fahrt, uff jeden Nest, da wer'n se scheen begrießt.
So mancher Militärverein schdolz seine Fahne hißt,
Schulkinder sin am Bahnhof da und sing'n das deitsche Lied.
De Ehrenjungfrau'n fehlen nich, so schdehn in Reih' und Glied.
So wie e Ferscht sieht jeder sich, der nach Schlesien fährt.
Weil uff der ganzen Reese er wird' ferchterlich geehrt,
Und feinbewertet wer'n se ooch in allen Orten.
„Herzlich Willkommen!" schdeht sogar uff allen Ehrenpforden.

De Polen hetzen ferchterlich, die woll'n keen deitschen Sieg,
Die mechten lieber heide noch en Polenkrieg,
Doch allgemeene Freide herrscht, denn deitsch is Überzahl
Und jeder Oberschlesier fährt persönlich zu der Wahl.
Aus allen Ländern komm' se an, ooch von Amerika,
So'ne Begeist'rung wie grad jetzt war überhaupt nich da.
Ganz alte Leide fahren hin, erfüllen ihre Pflicht.
De Polen ham das schles'sche Land bis jetzt noch lange nicht!

Wie das „Radeberger Pilsner" um seinen guten Namen kämpften musste

Seit jeher ist das Bier das Nationalgetränk der Deutschen. Nun könnte man annehmen, dass der im eigenen Land gebraute Gerstensaft bevorzugt würde. Kein Liebhaber diesen edlen „Stoffes" ahnte wohl vor dem Ersten Weltkrieg, dass man sich über den Namenszusatz „Pilsner" einmal aus politischen Gründen heftig streiten würde. Nach dem Zerfall des österreichischen Kaiserreiches entstand als neuer Staat die Tschechoslowakei. Die im „Bürgerlichen Brauhaus" in Pilsen gebrauten Produkte waren nun Auslandsbier. Das war dem deutschen Biertrinker gleich, er schätzte nach wie vor das am Ursprungsort gebraute „Pilsner Urquell". Inflation und politische Nachkriegswirren führten dann zu Verunsicherungen. „Deutsche trinkt deutsches Bier" hieß es in zahlreichen Werbekampagnen der Brauereiindustrie. So wurde es auch für die Radeberger zunehmend schwieriger, ihr „Pilsner" unter dem bekannten Markennamen zu verkaufen.

Nach der überstandenen Inflationszeit spitzte sich die Situation zu. Noch immer gab es keine Einigung über ein Handelsabkommen zwischen Deutschland und der Tschechoslowakei. Als besonders erschwerend erwies sich der „Ursprungsschutz". Hier ging es um Markenrechte und Wiedererkennungswert. So hatten sich auch deutsche Gerichte jahrelang mit der Frage zu beschäftigen, ob ein als „Pilsner" bezeichnetes Bier nur in der gleichnamigen Stadt gebraut werden dürfe.

Eine Werbeschrift mit den einleitenden Worten: „Die Biergattung ‚Pilsner' braut auch echt der deutsche Brauer!" wurde an die Biergroßhändler und die Vertreter des Gastgewerbes als die Hauptabnehmer geschickt. Das Radeberger Pilsner sei keine Nachahmung und schon gar keine Fälschung, hieß es da. Es wird sich auf das deutsche Reinheitsgebot berufen, dass echtes Bier nur aus Malz, Hopfen, Hefe und Wasser zu bestehen habe. Und was ist ein Pilsner? „Ein hochhelles, reichlich untergäriges Bier, erzeugt nach einen besonderen Brauverfahren", deren Methode kein Geheimnis sei. Bereits ab der Mitte des 19. Jahrhunderts gab es verschiedene Versuche, ein Bier „nach Pilsner Art" zu brauen. Letztendlich war es ein bayrischer Braumeister, der in den 1840er-Jahren zuerst in Pilsen jene Biersorte gebraut hatte. Unter dem Namen „Pilsner" wird es wenige Jahrzehnte deutschlandweite Anerkennung finden.

Die Entwicklung der „Radeberger Export-AG" ist eng mit Dresden verbunden. Als am 14. September 1923 das 50-jährige Jubiläum der Aktiengesellschaft gefeiert wurde, erinnerte man an die Anfänge. Das Stammunternehmen ist aus der im Jahre 1872 gegründeten „Aktienbrauerei zum Bergkeller" hervorgegangen, die hinter dem Böhmischen Bahnhof an der Bergstraße ein großes Ausflugslokal führte. Einige Jahrzehnte später hatte man sich ausschließlich auf die „Erzeugung eines Bieres Pilsner Typs" spezialisiert. Das neue Brauereigebäude in Radeberg ermöglichte es, der steigenden Nachfrage gerecht zu werden. Im Ersten Weltkrieg kam es dann „zugunsten der Volksernährung zwangsweise" zur Einschränkung der Brautätigkeit. Die Rohstoffe wurden so knapp, dass die altbekannte Qualität des „Radeberger Pilsners" nicht mehr aufrecht gehalten werden konnte. Das in den Kriegsjahren gebraute Bier wurde zunehmend „gestreckt".

Bereits um 1905 gab es dann eine Interessengemeinschaft mit der Dresdner „Feldschlößchenbrauerei" zur Vermarktung der Produkte. Um 1920 schlossen sich beide Aktiengesellschaften zusammen und eine gemeinsame unternehmerische Leitung führte die Brauereien durch das nächste Jahrzehnt. An dem gut eingeführten Markennamen „Radeberger Pilsner" hielt man fest. In den Zeiten, als die strengen Bestimmungen des „Versailler Vertrages" die Weimarer Republik besonders hart trafen, wurde an das deutsche Nationalgefühl der Biertrinker und Gastwirte appelliert: So heißt es etwa in einem Werbeprospekt: „Der Entschluß zur Erzeugung eines deutschen Konkurrenzbieres gegen das sogenannte echte Pilsner wurde gefaßt, als durch immer stärker anschwellende Einfuhr fremden Bieres große Summen Geldes in das Ausland abflossen, zum Schaden der deutschen Volkswirtschaft. Heute setzt wieder eine Überflutung Deutschlands mit Bier aus der

Tschechoslowakei, besonders aus Pilsen ein, aus einem Lande, dessen Regierung mit unserem Erbfeinde Frankreich ein Bündnis hat!"

Aggressive Werbekampagnen kennzeichneten die Zeit. Im Jahre 1927 gab es sogar einen von dem bürgerlichen Brauhaus in Pilsen angestrebten Gerichtsprozess gegen die Radeberger Exportbierbrauerei. Man wollte erreichen, dass die Bezeichnung „Pilsner" den deutschen Brauereien verboten werden sollte, da sie nicht am Ursprungsort gebraut wurden. Diese Forderung wurde von den Richtern abgewiesen. Sicherlich werden sie bei ihrer Urteilsfindung jene „reichsgerichtliche Erkenntnis" vom 23. September 1913 zu Rate gezogen haben, die dem „Radeberger Pilsner" erlaubte, diesen Namen zu führen. Einige Zeitgenossen hielten diese Auseinandersetzung für logischen Unfug. Schließlich könne ein Bier nicht gleichzeitig aus zwei Städten stammen. Die einheimischen Biere seien doch gut, man habe es nicht nötig, sich mit fremden Federn zu schmücken. Lokalpatrioten schlugen den Namen „Radeberger Pischel-Bräu" vor. Gottseidank kam es nicht so weit.

Der Kampf um ein sauberes Dresden

Wie in anderen deutschen Städten stank es Anfang des 15. Jahrhunderts auch in Dresden zum Himmel. Die Stadtbewohner entsorgten den angesammelten Schmutz vor der Haustür. Nur selten griffen sie zum Besen und kehrten vor der eigenen Tür. Und wenn, dann nur, um den Zugang zu ihrem Haus einigermaßen frei zu halten. Behördliche Verordnungen zur Reinhaltung der Straßen gab es noch nicht.

Bauamtsrechnungen aus den 1450er-Jahren belegen, dass insbesondere nach Festen und Märkten sich die Müllberge türmten. So waren manchmal bis zu zwölf Knechte damit beschäftigt, „den Mist vom Markte zu schauffeln". Dies belastete den städtischen Haushalt enorm.

Erst mit Beginn des 16. Jahrhunderts scheint man der Schmutzplage etwas schärfer zu Leibe gegangen zu sein. Ein Ratsbeschluss aus dem Jahre 1507 verbot den Kürschnern und Färbern das Beizen von Fellen innerhalb der Stadtmauern. Barbieren wurde untersagt, bei Aderlässen gesammeltes Blut auf die Gassen oder in den nahe liegenden Kaitzbach zu schütten. Und den Bäckern wurde vorgeschrieben, dass sie als Nebengeschäft nicht mehr als zwölf Schweine halten durften. Diese Bestimmungen wurden etwa vierzig Jahre später noch einmal verschärft. So durften die Bäcker Mastschweine nur noch vor den Stadtmauern halten.

Doch erst die Furcht vor ansteckenden Krankheiten und der Pest zeigte echte Wirkung. Im alten Dresden begann man nun mehr auf Reinlichkeit zu achten. Zum Beispiel schrieb im Herbst 1566 „der Rat zur Aufrechterhaltung der Reinlichkeit und Vermeidung üblen Geruches vor, daß jeder sein Haus und die Gasse fleißig kehre, keine Jauche herauslaufen und den Mist nicht einen Tag auf der Straße liegen lasse, noch weniger aber, wie bisher gebräuchlich, den Kehricht und Unflat auf die Mist- und Schutthaufen werfe, sondern ‚vor den Schifftor in die Plumpe' schaffen lasse."

Vier Jahre später wurden am 27. Februar 1570 in die Markt- und Polizeiordnung erste Bestimmungen zur Reinhaltung der Gassen und Plätze aufgenommen. Die Dresdner Ratsherren ermahnten ihre Bürger eindringlich, sich daran zu halten. Ein erster detaillierter Reinigungsplan entstand. Hier einige Auszüge:

Von dem umlaufenden Vieh

Kein Bürger noch Einwohner soll Schweine, Gänse, Enten und dergleichen Vieh auf der Gasse gehen und laufen lassen; und da sie befunden, sollen sie genommen und an die Spittel ausgeantwortet werden.

Gleichergestalt sollen die Bäcker und andere Bürger und Einwohner zur Verhütung großen Stanks der Mastschweine Sammlung in der Stadt nicht halten.

Vom Mist, der aus den Häusern auf die Gassen getragen wird

Es soll ein Bürger und Einwohner Mist austragen zwischen Walpurgis und Michaelis, den er länger bis an den dritten Tag liegen lasse, und folgendes zwischen Michaelis und Walpurgis nicht länger denn acht Tage liegen lassen soll, als bei Strafe beider Fälle der Übertreter eines Gulden; hiervon sollen die geordneten Aufseher der halben Teil haben und bekommen.

Vom Gassen reinigen

Alle Sonnabende soll ein jeder vor seiner Türe kehren und die Gasse reinhalten lassen. Wer das nicht tun wird, der soll gepfändet und das Pfand mit fünf Groschen zu lösen schuldig sein. Davon sollen die geordneten Aufseher den halben Teil haben und bekommen

Vom Harn und Kehricht

Es soll auch niemand Unflat, Harn oder stinkendes Wasser bei Tag oder Nacht aus seinem Haus auf die Gassen gießen, auch das Kehricht in der Kaitzbach nicht werfen und schütten.

Gleichfalls sollen sie sich auch enthalten, solches einem andern vor die Türe oder in Quergäßlein, hinter die Mauern, in die Tore und Stadtgraben zu schütten, auch die Nachtbecken in Kammern behalten und nicht vor die Fenster setzen bei Strafe eines silbernen Schocks.

Und damit sollen die vom Adel und andre sowohl als die Bürger gemeint sein, vermöge kurfürstlichen Befehlichs.

Von Gossen und Küchengerinnen

Ein jeglicher Bürger und Einwohner soll auch keine Gießrinnen aus den Küchen und Gemachen nicht heraus auf die Gassen zum Mißstand bauen, sondern dieselben Gießrinnen sollen heimlich und verdeckt an den Mauern herab gefertigt werden …"

Frühe Gerichtsrechnungen belegen, dass die Kontrolle der neuen Vorschriften streng durchgeführt wurde. Wie zum Beispiel diese Eintragung aus dem Jahr 1570 zeigt:

„2. fl. 18. gr. die kundigerin die edelfraw bey Marcusen fux geben, da sie hatt das nachtwasser raußer gegossenn."

Doch bereits einige Jahrzehnte später ließ der Eifer wieder nach. Besonders krass wurde es in den Zeiten des Dreißigjährigen Krieges. Wie schlimm es ausgesehen haben mag, ist aus einem kurfürstlichen Erlass vom 13. April 1637 zu erfahren. Darin heißt es unter anderem: „… fast alle Gassen mit Misthaufen gleichsam angefüllt sein, allerhand Unsauberkeit ausgegossen wird, auch tote Äser ausgeworfen und die Schleusen zugehalten werden, die Abschlägen des Wassers den richtigen Gang nicht haben, dahero das Wasser auf den Gassen stehen bleibet und stinkende Pfützen machet …"

Erst zu Zeiten Augusts des Starken griff wieder eine straffere Gesetzgebung zum Umsetzen der Straßenreinigung. Aus einer Ratsordnung von 1712 geht hervor, dass die Dresdner Hausbesitzer jeden Dienstag- und Freitagabend vor ihrer Tür zu kehren hatten. Der zusammengekehrte Unrat durfte aber nicht mehr wie bisher üblich, einfach in die Mitte der engen Gassen gefegt werden, sondern musste an den Hauswänden gesammelt werden. In den frühen Morgenstunden des darauffolgenden Tages wurde der Müll von den „Ratsuntertanen" der umliegenden Dörfer abgeholt.

Besonders interessant erscheint eine Zusatzbestimmung aus dem Jahre 1714. Der häusliche Müll musste in „Gefäßen" zur Abholung bereitgestellt werden. Schutt und Scherben durften sie aber nicht enthalten, die waren gesondert zum Abtransport bereitzustellen. Alte Stadtdokumente berichten von zwei „Scherbelweibern", die für einen Wochenlohn von sechs Groschen damit beschäftigt waren, diese zu sammeln und vor die Stadttore zu tragen. Erste Versuche zur Mülltrennung gab es in Dresden also bereits vor dreihundert Jahren.

Aber noch andere Parallelen zur heutigen Zeit lassen sich ziehen. Ab dem Jahre 1761 „durften sechs Festungshäftlinge zur Straßenreinigung herangezogen werden". Und im Zuge der Resozialisierung verdanken wir heute Insassen der Justizvollzugsanstalt am Hammerweg, dass markante Orte Dresdens täglich vom Zivilisationsmüll befreit werden. Zum Beispiel der Alaunplatz.

Und wie sah es im Winter mit dem Schneeräumen aus? Hierfür gab es im 18. Jahrhundert keine genauen Bestimmungen. Manchmal wurde sogar das Gegenteil verlangt. „So wurde z. B. im Februar der Jahre 1721 und 1740 dem Rate wiederholt befohlen, für die vom Hofe beabsichtigten Schlittenfahrten auf den davon berührten Gassen und Plätzen durch die Ratsuntertanen aus den Dörfern Schnee anfahren, in Ballen aufhäufen und kurz vor Beginn der Fahrt ausbreiten zu lassen. Und diese einer verrückten Laune des absoluten „Herrschers" entsprungene Zumutung wurde auch untertanenselig erfüllt."

Hundert Jahre später hatte sich das Stadtbild gründlich geändert. Mit der Schleifung der Festungswerke entstanden große Plätze und Promenaden. Der Fremdenverkehr verzeichnete eine steigende Tendenz. Eine straffere Organisation zur Straßenreinigung sorgte für mehr Sauberkeit. Das Reinlichkeitsbedürfnis der Bürger hatte sich gründlich geändert. Verstöße wurden mit empfindlichen Geldstrafen geahndet. Nach den Hauptstraßen wurde auch das Straßenpflaster der Nebengassen erneuert. Fuhrleute waren nicht mehr genötigt, nur im Schritttempo durch die Stadt zu fahren, um ihre Pferde vor Verletzungen zu schützen. Strengere Marktordnungen und -regulierungen verpflichteten die Händler, ihren Müll weitestgehend selbst zu entsorgen.

In der Mitte des 19. Jahrhunderts beschäftigte der Stadtrat bereits ein Heer von Straßenkehrern. Neue Erfindungen sollten deren Arbeit erleichtern. So berichtet eine Tageschronik unter dem 24. Februar 1874: „In hiesiger Stadt werden zum ersten Male mit dem in anderen großen Städten bereits verwendeten Bürstenwagen in Alt- und Neustadt Versuche um Straßenkehren gemacht, die recht gut ausfielen. Der Wagen wird von einem Pferde gezogen und hat nur einen Mann Bedienung. Am unteren Theile des Wagens zwischen den Rädern befindet sich eine cylindrische, ca. 5 Ellen lange und etwas 15 Zoll Durchmesser haftende Binsenbürste, welche, durch das Fortfahren des Wagens sich drehend, die Straße kehrt, dabei aber etwas schräg steht, um den aufgekehrten Schmutz nach einer Seite zu schieben."

In den 1920er-Jahren waren täglich „70 Beamte und rund 615 Arbeiter" mit der täglichen Straßenreinigung beschäftigt. Ihre Abteilung war dem Tiefbauamt angeschlossen. Nach den bestehenden Ortsgesetzen umfasste ihr Aufgabengebiet unter anderem „das Reinigen der Gang- und Fahrbahnflächen sowie das Abfahren des dabei entstehenden Kehrichts, Staubes und Schlammes und das Beseitigen des Schnees von den Gang- und Fahrbahnen, soweit er verkehrshindernd ist".

Stadtrat Paul Barthel beziffert die durch die Straßenreinigung zu säubernden Verkehrsflächen „einschließlich der anliegenden Fußwege" auf ca. 9.894.200 Quadratmeter. Dazu kommen „noch 23.700 qm Reit- und 22.900 qm Radfahrwege". Beim Vergleich dieser Zahlen konnte er sich die Bemerkung nicht verkneifen, dass für die wenigen noch vorhandenen Reiter besser gesorgt sei, als für die „Zehntausende zählenden Dresdner Radfahrer". Täglich kamen „100 cbm Straßenkehricht zusammen, der mit Kraftwagen und Pferdegeschirren" abgefahren wurde. Dem Prinzip der Mülltrennung blieb man treu. Ein großer Teil wurde zu den Mülldeponien vor den Toren der Stadt gefahren. Besonders „guten Kehricht" kauften landwirtschaftliche Betriebe zum Preis von 1,80 Reichsmark pro Kubikmeter auf.

„Die Polente kommt!" – Razzia in der Wilsdruffer Vorstadt

Dresden im Jahre 1925. Ein Reporter der örtlichen Tagespresse darf einmal die abendliche Polizeistreife in der Wilsdruffer Vorstadt begleiten. Als Treffpunkt wurde eine Kreuzung in unmittelbarer

Nähe der Annenkirche gewählt. „Erkennungszeichen: Taschentuch in der Hand". Überpünktlich erschien er zur vereinbarten Zeit. Während des Wartens hatte er Gelegenheit das Areal zu studieren. Wohin soll es diesmal gehen? Etwa in die belebte und verrufene Kanalgasse? Hektischer abendlicher Großstadtverkehr war zu beobachten. Vollbesetzte Straßenbahnwagen fuhren hinaus in die Vorstädte. Ein Heer von Arbeitsmüden zog heimwärts. Ein Wochentag wie jeder andere …

Um viertel vor acht erschien dann der Polizeihauptmann X. Begleitet wurde er von dem Inspektor D. Nach einer kurzen Begrüßung erfuhr der Journalist dann das Ziel der heutigen Razzia: „Wir wollen diesmal 'n bisschen am Poppitz fischen gehen. Ob wir allerdings einen großen Rebbach machen, ist noch fraglich, aber man muß sich den Brüdern dort wieder mal zeigen. Punkt acht geht der Salat los."

„Am Poppitz" war damals ein Dresdner Platz, der von zahlreichen kleinen Häusern begrenzt wurde und in den zahlreiche dunkle Gassen mündeten. Viele kleine Gastwirtschaften hatten sich in diesem Häusergeflecht angesiedelt. Schon lange war bekannt, dass sich hier zahlreiche Kleinkriminelle trafen. Im Schatten der Gebäude näherten sich der Polizeihauptmann, der Inspektor und sieben Kriminalbeamte dem Ziel der heutigen Razzia.

Die Polizisten betraten die Gastwirtschaft, die einen recht guten kleinbürgerlichen Eindruck machte. Im rauchgeschwängerten Raum sah man ein anscheinend harmloses Volk. Doch gab es Gäste, die derartige Überraschungen schon gewöhnt waren, „alte Veteranen der Arbeit und kräftige Jungburschen". Auch das weibliche Geschlecht fehlte nicht. Unser Zeitgenosse beschreibt sie als: „ältere Frauen, zum Teil mit ergrauten Haaren und gleichgültige Großstadtmädel, Asphaltblumen mit frechen Gesichtern". Zwei halblaute Rufe: „Die Polente kommt" und „Au meine Flebbe!" waren aus dem Hintergrund zu hören. Ein junger Bursche versuchte über den Hausflur zu entwischen. Doch dieser Versuch war vergeblich. Schon längst war das ganze Lokal abgeriegelt. Aus der Ferne hörte man das dumpfe Rattern der heranrollenden Polizeilastwagen.

Und dann geht alles sehr schnell: „Die weißbeschürzte Kellnerin, die in sichtlicher Angst um ihren zufällig anwesenden Bräutigam schwebt, kassiert in fliegender Hast die Zeche ihrer Gäste ein, die sich, den Weisungen der Beamten folgend, zur Fahrt nach der Schießgasse mit ihren Siebensachen zurecht machen. Ein Bursche sucht im letzten Augenblick noch einen Packen unter das Sofa zu bugsieren, doch die ‚Kriminellen' haben Augen wie die Luchse, und das Bündel steht fortan unter ganz besonders liebevoller Obhut der Polizei …“

Der Polizeihauptmann hatte bereits die Straße betreten. Wenig später hörte man sein lautstarkes Kommando: „Die Linienschiffe vor!“ Und weiter konnte unser Reporter beobachten: Die „Grünen“ springen von den Wagen, deren Hinterwand herabgeklappt wird, und Männlein und Weiblein besteigen, zum Teil mit einer auffälligen Sachkenntnis, die „grüne Minna“.

Alle Gäste müssen zur Feststellung ihrer Identität mit ins Polizeipräsidium auf die Schießgasse. Mit kräftigen Armen wurde nachgeholfen, wenn Anstalten gemacht wurden, sich von dieser „Reisegesellschaft“ auszuschließen. Die inzwischen angeschwollene Zuschauermenge begleitet die Polizeiaktion mit großem Gejohle. Schließlich sah man so etwas nicht alle Tage. Und der Gastwirt rief mit einem schmerzlichen Lächeln nach: „Nu is de Bude leer, nu könn 'mer tanzen!“

Aber es war noch ein zweiter „Fischzug“ geplant. Eine kleine Gastwirtschaft in der naheliegenden Rosenstraße stand im Visier der Polizeibehörden. Der Polizeihauptmann summte die Melodie „Ach, schönes Jägerleben!“ Doch dieses Lokal war leer. Die naheliegende Razzia hatte sich längst herumgesprochen. Die einzigen Gäste waren acht „harmlose Muttchen“, die den geplanten Kaffeekranz zu einem abendlichen Spielabend ausgedehnt hatten. Schmunzelnd begrüßte der weißgekleidete Kellner die Herren von der Polizei. Und wie zum Hohn spielte der einsame Klavierspieler den „Pariser Einzugsmarsch“ auf. Grinsend begleitete der Gastwirt die Herren Polizisten zur Ausgangstür. Das Wild war vergrämt und dass Jäger durch ihr angestammtes Gebiet zogen, hatte sich in Windeseile verbreitet.

Der erste „Dresdner Zwinger-Express" war 1929 eine Sehenswürdigkeit

Mitte der 1920er-Jahre war es um den Zwinger schlecht bestellt. Eine Besichtigung unter sachkundiger Führung des Regierungs-Oberbaudirektors Koch bestätigte die schlimmsten Befürchtungen. Überall sah man Stellen im Mauerwerk, die bereits vom Schwamm zerfressen waren. Einige Figuren waren bereits von den Dachkanten heruntergestürzt. Andere hatte man mit starken Seilen gesichert, „um vorläufig ihr lebensgefährliches Abgleiten zu verhindern." Der „Zahn der Zeit" nagte an dem zweihundertjährigen Bauwerk und es drohte ein weiterer Verfall.

Bereits 1910 hatte man mit den ersten Erneuerungsarbeiten begonnen. Der Erste Weltkrieg unterbrach diese Arbeiten. In der folgenden Inflationszeit konnten nur Sicherungsarbeiten finanziert werden. Ein Zeitzeuge schrieb: „Würde man in diesem Tempo weiterbauen, so könnte man wohl fünfzig Jahre brauchen, während deren das Erneuerte wieder verfiele." Mit der von der Reichsregierung genehmigten „Zwingerlotterie" hoffte man im Jahre 1925 eine Million Mark einzunehmen. Durch die Einnahmen sollte die not-

Die Kleinbahn war keine zwei Wochen im Einsatz, da wurde sie bereits „Zwinger-Express" genannt.

wendige Sanierung beschleunigt werden. Denkmalschützer, Architekten und Künstler wurden zu Rate gezogen oder von der „Zwingerbauhütte" eingestellt, um eines der „berühmtesten Bauwerke der Welt vor den Verfall dauerhaft zu retten." Hohe Holzgerüste an den Gebäuden und die zahlreichen Restaurateure und Bildhauer, die den Zwingerhof als „Freiluftatelier" nutzten, zeigten dann endlich, dass die Umbauarbeiten vorankamen.

Allein dieses eifrige Treiben war schon eine Sehenswürdigkeit für sich. „Soweit die Figuren nur verwittert sind, wird durch Punktieren, Reinigen und Abreiben die unversehrte Oberfläche wiederhergestellt" heißt es in den Dresdner Tageszeitungen. Manchmal mussten auch fehlende Teile ersetzt werden. Dies erforderte viel „Stilgefühl und Phantasie". Georg Wrba, der zu den bedeutendsten deutschen Bildhauern des 20. Jahrhunderts gehörte, leitete die Arbeiten von 53 Steinbildhauern und schuf selbst zahlreiche Figurengruppen. Manchmal musste er auch die Entscheidung treffen, dass eine der zweihundertjährigen Figuren nicht mehr zu retten war. Häufig lag dies an dem Ölanstrich, mit dem Mitte des 19. Jahrhunderts versucht worden war, erste Verfallserscheinungen aufzuhalten.

Eifrig wurde das Baugeschehen im „Dresdner Zwinger" in der örtlichen Tagespresse kommentiert. Als bekannt wurde, dass vor dem Kronentor wieder der Zwingergraben ausgehoben werden sollte, teilten sich die Meinungen. In einer Leserzuschrift an die „Dresdner Nachrichten" hieß es: „Der Zwinger ist keine Wasserburg". Der Graben, der 1820 zugeschüttet worden war, habe vielleicht in die damalige Umgebung gepasst. Doch nach der Schleifung der Festungswerke habe dieser Graben „entlang der Zwingergalerien" jegliche Bedeutung verloren. Man solle sich nicht immer an den Bildern Canalettos orientieren. In diesem Graben würde das Wasser stehen und dann stinken. Außerdem habe man sich seit über einem Jahrhundert beim Gang durch das Kronentor an die Gartenanlagen gewöhnt.

Anders sahen es die Befürworter des neuen Zwingergrabens. Ihr Ziel war es, den ursprünglichen Zustand wiederherzustellen. Das geplante Brunnensystem im Zwingerhof werde auch für den neuen Graben ausreichenden Wasseraustausch gewährleisten.

Im Jahre 1929 waren die Ausschachtungsarbeiten im vollen Gange. Zehntausende Kubikmeter Erde waren zu bewegen und fortzuschaffen. Den Schaulustigen bot sich ein beeindruckendes Bild. Da war zum einem der große Bagger, der „bei jedem Biß ins Erdreich den Mund so voll nimmt, daß er bereits tief in die Grube gefallen ist, die er dem Wasser des zukünftig verlängerten Zwingerteiches gräbt." Ihm zur Seite stand die „Zwingerlokomotive" mit ihren sechs Loren, in denen die abgetragenen Erdmassen fortgeschafft wurden. Die zu diesem Zweck verlegten Bahngleise waren nicht lang. Sie führten am Zwingerteich vorbei über die Devrientstraße längs des Fernheizwerkes zum Elbufer. Für die Aufschüttung eines neuen Terrassenufers zwischen den städtischen Speichern und dem neuen Landesfinanzamt wurden gewaltige Erdmengen gebraucht.

Die Kleinbahn war keine zwei Wochen im Einsatz, da wurde sie bereits „Zwinger-Express" genannt. Schon längst fuhr sie nicht mehr auf ebener Erde, sondern wurde wegen der fortschreitenden Aushubarbeiten zu einer „Berg- und Tal-Bahn". Zunächst überzeugten sich zahlreiche Dresdner nur an den Sonntagen von dem Fortgang der Bauarbeiten. Doch dann schnellten auch an den Wochentagen die Besucherzahlen hoch. „Wer irgend Zeit hat, sieht rasch einmal nach, wie diese oder jene Arbeit fortschreitet, und wenn er nur wenige Tage wegbleibt, hat sich das Arbeitsbild bei dem nächsten Besuch schon wieder völlig geändert", berichtet ein Zeitzeuge.

Der Eintopfsonntag in Dresdens Gaststätten

Bereits im ersten Jahr der nationalsozialistischen Machtübernahme 1933 erfuhr das Eintopfgericht eine ungewöhnliche Aufwertung. Es wurde festgelegt, dass von Oktober bis März jeder zweite Sonntag im Monat „Eintopfsonntag" sein müsse. Das hieß, in allen Gaststätten und Beherbergungsbetrieben durften nur Eintöpfe angeboten werden. Auf diese Idee war der Reichspropagandaminister Joseph Goebbels verfallen. Hilfreich zur Seite standen ihm der Reichsführer des Winterhilfswerkes und der Präsident des deutschen Gaststätten- und Fremdengewerbes.

Zunächst wurden zur Preisfestsetzung die „Verpflegungsbetriebe" in drei Gruppen eingeteilt:

In Betrieben der Klasse I, alle Gaststätten (auch Privatmittagstische und Kantinen) bis mit zwei Arbeitnehmern, beträgt der Preis für des Eintopfgerichtes 0,60 Reichsmark. Von diesen 0,50 RM. sind 0,10 RM, an das Winterhilfswerk abzuführen.

In den Betrieben der Klasse II. alle Hotels (auch Pensionen und Heime und Gaststätten mit mehr als zwei Arbeitnehmern, sowie Speisewagen der Reichsbahn), beträgt der Preis des Eintopfgerichtes 1 RM. Davon sind 0,50 RM. an das Winterhilfswerk abzuführen.

In den Betrieben der Klasse III, Gaststätten erster Klasse in Dresden: Hotel Bellevue, Hotel Europahof, Hotel Deutscher Hof, Palasthotel Weber, Parkhotel Weißer Hirsch und Englischer Garten). beträgt der Preis soviel wie der Preis eines des sonst normalen Gedeckes. Davon ist der 0,50 RM. überschreitende Betrag an das Winterhilfswerk abzuführen.

Von diesen neuen Abgaben waren auch nicht die zahlreichen „Cafés, Konditoreien, Likör= und Weinstuben ohne Küche" befreit. Diese hatten als Ausgleich zehn Prozent des Umsatzes, der zwischen 11 und 17 Uhr anfiel, dem Winterhilfswerk zu entrichten. Nummerierte Rechnungsblöcke wurden zur richtigen Abrechnung ausgegeben. „Jeder Gast erhält über den gespendeten Beitrag eine Quittung". Innerhalb von drei Tagen waren die Einnahmen bei den örtlichen Vorsitzenden des Winterhilfswerks abzurechnen. Diese Anordnung war für das gesamte deutsche Reich bindend. Und es folgt fett gedruckt die Warnung an all diejenigen, welche diese neue

Verordnung umgehen wollten: „Wer wissentlich oder grob fahrlässig gegen die obigen Bestimmungen handelt, insbesondere eine soziale Tat zu einem Reklameunternehmen auszugestalten versucht, stellt sich außerhalb der Gemeinschaft der national denkenden Deutschen und auch besonders der national denkenden Gaststätteninhaber. Er hat sich dann entstehende unliebsame Weiterungen selbst zuzuschreiben."

Die Tradition der „Eintopf-Sonntage" begleitete die Dresdner Bevölkerung die gesamte nationalsozialistische Zeit. Für das Winterhilfswerk war es eine feste Einnahmenquelle. Im März 1939 ist aus der Zeitschrift „DIE KÜCHE" zu erfahren, dass für die Eintopfzubereitung „vier Gattungen verschiedener Geschmacksrichtung" in Frage kämen. „Und zwar zwei von Fleisch, einer von Fisch und einer von Gemüse oder gemüseähnlichen Gerichten (Nudeln usw.)" heißt es dort. Bei der Gestaltung der Speisekarte seien hier insbesondere die Vorschläge der staatlichen Behörde zu beachten, deren Aufgabe in der „Verbrauchslenkung" bestand. Der Zweck lag darin, „daß die jeweils besonders stark anfallenden Rohstoffe unbedingt der Marktlage entsprechend, dem Verbrauch zur Verfügung zugeführt werden."

Zahlreiche Broschüren widmeten sich in den 1930er-Jahren den Eintopfrezepten. Auch im privaten Haushalt sollte der Sonntagsbraten durch solche Gerichte ersetzt werden. Ähnlich wie im Gastgewerbe sollte das ersparte Geld dem Winterhilfswerk gespendet werden. Dieses wurde oft mit Sammelbüchsen direkt an der Wohnungstür eingesammelt. Aus Angst vor Denunziation oder anderen Unannehmlichkeiten wurde die Spende zum Eintopfsonntag gezahlt. Auch wenn es nicht jedem Recht war, dass der Führer auch noch den Speiseplan der Familien diktieren wollte.

Ein besonders gut gestalteter Speisezettel der „Hoppe-Gaststätten Dresden Neustädter Bahnhof" fand lobende Erwähnung unter Fachkollegen und Anerkennung bei den Gästen. Bei einem bildlich dargestellten Topf ließ sich der Deckel öffnen. Darunter verbarg sich die Auswahl der angebotenen Suppen zum „Eintopfsonntag".

Erwähnenswert scheint, dass jene originellen Speisekartenvordrucke noch nach dem Ende des Zweiten Weltkrieges weiterhin verwendet wurden. Der ehemalige Bahnhofswirt Rudolf Hoppe bewirtschaftete von 1946 bis 1950 die beliebte Ausflugsgaststätte „Heidemühle".

Die Stadtkelterei – In den Gewölben unter dem Neuen Rathaus

Anfangs war es nur ein Gerücht. Wenige Monate später bestätigen sich die Vermutungen. Neben der Einrichtung eines neuen Dresdner Ratskellers sollte auch ein „Regieweinbetrieb" gegründet werden. Eine unerwartete städtische Konkurrenz für die zahlreichen Weinhändler. Das führte schon zwei Jahre vor der Eröffnung des Neuen Rathauses zu vielen Protesten. Im Juni 1908 einigten sich dann die Stadtoberen und die Dresdner Handelskammer. Einheimischen Weinhändlern wurde zugesichert, dass sie bei den beabsichtigten Einkäufen, „bei gleichen Preisen, gleicher Güte und gleichen Lieferbedingungen der Vorzug" gewährt würde.

Doch so richtig wurde dieser Vereinbarung nicht getraut. Im Januar 1910 musste sich die Dresdner Stadtverordnetenversammlung mit diesem Thema auseinandersetzen. Vorwürfe wurden laut, der zuständige Dezernent und sein „Ratsweinmeister" verfügten selbstständig über große Summen Steuergelder, um ohne städtische Kontrolle Mosel- und Rheinweinen „in den Produktionsgebieten" einkaufen zu können. Eine erfolgreiche Konkurrenz der privaten Weinhändler sei damit ausgeschlossen. Vereinbarte Preisvergleiche seien „praktisch undurchführbar" gewesen, heißt es im „Dresdner Journal". Gleichzeitig wurde darauf hingewiesen, dass „bei dem Einkauf von Bordeauxflaschen … den Dresdner Weinhändlern ein sehr erheblicher Betrag" zugefallen sei.

Am 31. September 1910 eröffnete Oberbürgermeister Otto Beutler den neuen Ratsweinkeller bei einem Empfang geladener Gäste mit den Worten: „Ich weiß, dass Dresden keine Weinstadt ist, sondern das der richtige Dresdner lieber sein „Debbchen Felsenkeller-Lager" oder sein „Gaßmeyer-Kulm" trinkt, als ein Glas guten Mosel- und Rheinwein, und doch haben wir unserm Dresden einen Ratskeller gebaut, weil wir eine volkstümliche Weinstube für die breite Masse schaffen wollten."

Seine Meinung musste er bereits ein halbes Jahr später korrigieren. Erstmals erscheint die Ratskellerei im städtischen Haushaltsplan. Ein beachtlicher Gewinn von 55.695 Mark wurde errechnet. Das geplante Konzept zur Füllung der Dresdner Stadtkasse schien aufzugehen. Neben dem „Ratsweinkeller" als Hauptabnehmer gab es auch zahlreiche Bestellungen anderer gastronomischer Unternehmungen. So mussten wenig später die geplanten Kellerräume für das Stadtarchiv dem stetig größer werdenden Weinkeller weichen. Eine Notlösung zunächst, denn es stellte sich heraus, dass es hier für eine fachgerechte Weinlagerung zu warm und zu trocken war.

Aus dem Jahre 1927 ist zu erfahren, dass die „künstliche Berieselung der Decken und Wände bei trockenem Wetter wenig Erfolg" zeigte. Die Mauerziegeln und der Zementverputz saugten das Wasser zwar auf, aber ließen es genauso schnell verdunsten. Die Ratskellereiverwaltung unter Stadtrat Braune verfolgte letztendlich Pläne, einen Teil des wertvollen Weinbestandes in die frei gewordenen Kellerräume des „ehemaligen Residenzschlosses" unterzubringen. Um sich einen Begriff vom umfangreichen Weinvorrat zu machen, muss man wissen, dass Ende 1926 „rund 600.000 Flaschen und gegen 400 Fuder" eingelagert sind. Und wie schon vor dem Ersten Weltkrieg wurden im Ratsweinkeller „250.000 Liter Schoppenweine" verkauft. Nicht mitgerechnet sind die bestellten Weinflaschen.

Ein Zeitungsbericht aus dem Jahre 1938 ermöglicht einen Blick auf das geschäftige Treiben in den Gewölben des Neuen Rathauses. Ein Journalist bekam einen Termin zur Besichtigung der „Stadtkelterei". Unerfahren, wie er war, erkundigte er sich erst einmal im „Ratsweinkeller" nach dem Eingang. Mit einem freundlichen Lächeln wurde er darauf hingewiesen, dass er den falschen Weg eingeschlagen hatte. Sein Ziel könne er nur durch den Haupteingang des Rathauses erreichen. Gleich links neben den großen Personenaufzug gibt es eine kleine Treppe. Abwärts führend würde er dann die große Tür mit dem Schild „Stadtkelterei" entdecken.

Durch ein Klingelzeichen machte er sich bemerkbar. Der Kellermeister persönlich empfing ihn und führte ihn durch das der breiten Öffentlichkeit unbekannte Reich. Zuerst kamen sie in einen Raum, „in dem Bottiche und vor allem Hunderte und Tausende von Flaschen gereinigt wurden".

Dann ging es einige Stufen abwärts. Eine schwere Tür wurde geöffnet. Dahinter verbarg sich der sogenannte „Moselweinkeller". In einer Länge von 130 Metern zog er sich von der Schulgasse bis zum Rathausplatz. Drei Gänge folgten parallel dieser Richtung. Ein vierter Gang hatte nur die halbe Länge. Die Lagerung des Moselweins erfolgte in einer Reihe bis zu tausend Liter fassenden Fässern auf schweren Holzlagern. In den Nebenräumen lag der bereits in Flaschen abgefüllte kostbare Moselwein.

Ein kleiner stämmiger Wagen, der mit einer Drehscheibe versehen war, erwies sich als nützliche Hilfe. Dieser befand sich im Rathaushof A. Hier wurden die Weinfässer angeliefert und mit einem Lastenaufzug in die Gewölbe des neuen Rathauses befördert – „ohne großes Rütteln und Schütteln", wie lobend hervorgehoben wird.

Dass die Stadtverwaltung mit ihrem riesigen Weinkeller Geschäfte machte, schmeckte den Weinhändlern nicht.

Nicht Weinnamen, sondern Zahlen ermöglichten eine Orientierung im Weinkeller. Der Kellermeister konnte darüber Auskunft geben. Ein Blick in sein Notizbuch reichte aus. Schließlich hatte er diesen bedeutenden städtischen Weinkeller mit aufgebaut. Und weiter ging es – über den Klostergang, der wieder ein halbes Stockwerk höher führte – zum „Rheinweinkeller". Hier lagerten Halbstückfässer mit einem Volumen von 600 Litern. Schon längst befand man sich in den Gewölben in der Nähe der Kreuzstraße. Hier war ein Rotweinkeller eingerichtet, auf dessen konstante Temperatur von 16 Grad geachtet wurde. Im „Kabinettkeller" wurden schließlich besonders wertvolle Originalabfüllungen gelagert.

Der Weg führte nun am Sektkeller vorbei. Wieder zurück in den tieferen Gewölben der Stadtkellerei sah man die Abfüllanlage. Der Besuch endete mit einem Besuch im „Probierstübchen der Stadtkelterei".

Mit Beginn des Zweiten Weltkrieges wurde der Geschäftsbetrieb der Stadtkelterei als auch des benachbarten Ratsweinkellers eingeschränkt. Eine bittere Erfahrung für den langjährigen Kellermeister Karl Kirchner. Nach dem Krieg kündeten dann die Ruinen des Neuen Rathauses vom Verlust seines Arbeitsplatzes. Aber was war aus den großen Weinbeständen geworden? Zum einen sollen damit die Menschen entlohnt worden sein, die mit den Leichenverbrennungen auf dem Altmarkt beauftragten waren.

In der Besatzungszeit interessierte sich niemand für die Bewirtschaftung des Weinkellers, umso mehr, da der Kellermeister als einstiger städtischer Beamter in Zeiten des Nationalsozialismus von einer Wiedereinstellung ausgeschlossen war. Er musste sich viele Jahre lang als Tiefbauarbeiter durchschlagen.

Geblieben von seiner langjährigen Arbeitsstätte in den Gewölben des Neuen Rathauses sind einige zeitgenössische Fotografien. Ebenso ein Exemplar der großen Weinkarte des benachbarten „Ratsweinkeller" aus dem Jahre 1938. Und natürlich die Anekdoten des Kellermeisters, die von seinem Sohn weitererzählt werden.

Eier hanne

Warme Eier
meine Herrn!

„Mei Sechser"

Alt-Dresdner Originale

Helmert   der deutsche Diogenes.

Komm! her Ihr Leute!
sucht Euch aus!
es ist mancherley da!

„Peter Groll"

Dass sich Alt-Dresdner Originale nicht immer durch Liebenswürdigkeiten auszeichnen, beweisen die vielen Erinnerungen an einen besonders merkwürdigen Mann der im Volksmund „Peter Groll" genannt wurde, weil er bei seinen Spaziergängen durch die Gassen der sächsischen Residenz laut grollend vor sich hin schimpfte. Jedes Kind kannte ihn in den ersten

„Peter Groll" zeichnete sich nicht durch Liebenswürdigkeiten aus.

Jahrzehnten des 19. Jahrhunderts. Früher war er Schirrmeister bei der Post gewesen. Es wurde gemunkelt, dass er wegen der Derbheit seiner Sprüche frühzeitig in Pension geschickt worden war.

Aber nicht nur sein Geschimpfe, sondern auch seine Statur und seine Kleidung machten ihn unverwechselbar. Wilhelm von Kügelgen beschreibt ihn in seinen Erinnerungen als einen kleinen Menschen „mit übergroßen Kopf und kurzen Säbelbeinen. Dazu trug er ein Paar Kanonenstiefel mit Sporen, einen ungeheuren Stürmer mit sauerkrautfarbenden Frack, der bis zu den Fersen reichte". Warum die Frackschöße so merkwürdig abstanden, hatte einen simplen Grund. Er hatte die Taschen stets mit kleinen Steinen gefüllt. Diese Art der Bewaffnung war schon „der Kinder wegen nötig, die ihm wie Krähen einem Käuzchen in hellen Haufen folgten, unablässig ‚Peter Groll'" schreiend. So konnte es schon passieren dass er sich plötzlich umdrehte und mit den kleinen Steinen warf, um seine Verfolger loszuwerden. Er gewöhnte sich an diese Begleiterscheinungen und es erweckte manchmal schon den Eindruck, dass er sehr unzufrieden war, wenn er in Ruhe gelassen wurde. Von den Eltern belehrt, den armen Mann zufriedenzulassen, provozierte er sie dann wieder. „Jungens! Wo habt ihr denn heute eure Mäuler gelassen?" Es dauerte nicht lange, und der Kampf begann von neuem.

Ein befreundeter Hofrat von Kügelgens Vater erzählte in abendlichen Runden sehr gern Anekdoten. So steuerte er gerne eine Begebenheit bei, die er mit diesem seltsamen Mann erlebt hatte. Der Hofrat kehrte von einem Ausflug aus der Oberlausitz zurück. Letzte Raststation war ein „Schenkhübel" vor den Toren Dresdens. Für die Pferde war es eine willkommene Verschnaufpause und die Postbediensteten, die die Kutsche begleiteten, stärkten sich in der Waldschenke. Er nutzte die Zeit für ein Nachmittagsschläfchen in der Kutsche. Plötzlich wurde die Tür aufgerissen. Peter Groll schwang sich in den Wagen. Mit diesem Unbekannten wollte der Hofrat keinesfalls das letzte Stück seiner Heimreise nach Dresden fortsetzen. Er müsse doch freundlich bitten, ihm den gemieteten Wagen allein zu überlassen versuchte er Peter Groll hinauszukomplimentieren. Dieser fuhr ihn aber in gewohnt grober Art an: „Ich will Se was sagen, heren se, das kennen Se sich überlegen: das hier ist Bostgescherre, und meine Berson is Scherrmeister bei Bost gewest. So wäre ich wohl ooch dermit fahren kennen, so gut wie ener, heren Se!"

Aus dieser misslichen Lage befreiten ihn die aus der Schenke herbeigeeilten Postkutscher. Sie warfen Peer Groll aus dem Reisegefährt und verweigerten ihm auch den Wunsch, „auf den Bock" mitfahren zu dürfen. Es folgten grobe Beschimpfungen und ein Hagel von Kieselsteinen.

Auch Kügelgens Mutter hatte eine unangenehme Begegnung mit diesem „Altdresdner Original". Bisher kannte sie „Peter Groll" nur aus Erzählungen. Bis sie auf einer Kutschfahrt zum Weinberg nach Loschwitz von mitreisenden Kindern auf diesen ungewöhnlichen Zeitgenossen aufmerksam gemacht wurde. Neugierig schaute sie aus dem Fenster der Kutsche. Entsetzt zog sie ihn wieder zurück, denn jene Person hatte ihr die Zunge herausgestreckt. Noch im gesetzten Lebensalter berichtete sie schaudernd von dieser unerhörten Begegnung.

„Mei Sechser"

Bei der Vorstellung „Alt-Dresdner Originale" darf natürlich „Mei Sechser" nicht fehlen. Nur wenige kannten ihn unter seinem eigentlichen Namen Franz Timmler. Gemeinsam mit seiner Frau lebte er höchst bescheiden in einer Bretterbude im Garten des Gasthauses „Zum schwarzem Anker" auf der Schäferstraße. Hier war er zu erreichen, wenn er gesucht wurde, um Hochzeitsfeiern oder Kindtaufen musikalisch zu ummanteln.

Wenn die Geschäfte schlechter liefen, durchwanderte er mit seiner Fidel die einfachen Kneipen. Dort spielte der gelernte Geiger meistens Volkslieder. Manche Melodien verleiteten auch zum fröhlichen Tanzen. Da er auf eigene Rechnung arbeitete, entstanden den Gastwirten keine Kosten. So hatten sie auch kein Problem damit, wenn er am Schluss seiner musikalischen Darbietungen von den Gästen einen bescheidenen Lohn einforderte. Er hielt seinen Zuhörern mit den Worten: „I bitt' um mein Sechser" eine kleine hölzerne Schachtel hin. Das bescheidene Honorar wurde gern gezahlt. Und da er seine Auftritte immer mit dieser Forderung beendete, gab ihm der Dresdner Volksmund den Spitznamen „Mei Sechser".

Seine Lieder unterlegte er mit harmlosen, selbstverfassten Texten. Oft handelten sie von den vielen kleinen Alltagssorgen nach

Der Geiger Franz Timmler trat mit selbstgeschriebenen Liedern auf und wurde nach dem von ihm eingeforderten Lohn „Mei Sechser" genannt.

dem Ende der Napoleonischen Kriege und der folgenden Biedermeierzeit. So versuchte er auf seine Weise die Bevölkerung zu unterhalten. Besonders heiter wurde es am Ende seiner Auftritte. Sein Publikum erkannte schon an der Melodie, dass er nun um einen kleinen Lohn bitten würde. Und da sie die Aufforderung schon so oft gehört hatten, konnten sie die folgenden Zeilen textsicher mitsingen:

„Weil die Zeit so schlecht und Geld in der Welt,
So hab' i mei Musika auf'n Sechser gestellt.
Enn Sechser hat jeder, ob Groß oder Klein,
Drum greift nur recht fleißig in die Taschen hinein.

I geig' doch nicht schlecht, I geig' ja so schön.
Wer mir kein' Sechser gibt, kann wieder gehen.
„Mei Sechser, mei Sechser!" ist mei Morgengebet,
Ob's gleich, meine Herren, in der Bibel nicht steht."

Eines Tages blieb „Mei Sechser" aber aus. Unruhe kam auf und besorgt wurde nach ihm gefragt. Schlimmste Befürchtungen wurden wach und man forschte nach ihm. Wenig später wusste man, dass der in die Jahre gekommene Musiker zusammengebrochen war. Er war so unglücklich gestürzt, dass er seinen kostbarsten Besitz – die Geige – zertrümmerte. Ein schwerer Verlust und es schien, dass er darüber nicht wegkommen würde. Genügend Geld für ein neues Instrument hatte er nicht.

Doch hatte er ungeahnte viele Freunde und Gönner. Bei einer spontanen Sammlung kam genügend Geld zusammen, ihm eine neue Geige zu kaufen. Diese wurde ihm mit der Bitte überreicht, weiterhin aufzutreten. Diesen Wunsch erfüllte er gern. Solange es ihm seine Gesundheit erlaubte, zog er durch die Dresdner Gastwirtschaften.

In seinem letzten Lebensjahr erkrankte er schwer und wurde bettlägerig. Als er den nahen Tod spürte „tat er seine letzte philosophische Äußerung". Jene war an seine ihn pflegende Frau gerichtet. „Mine, mach' Licht oder ich sterbe im Finstern".

„Die Eierhanne"

Fast täglich saß diese Frau an ihrem Verkaufsstand auf dem Dresdner Altmarkt. Unermüdlich pries sie ihre Ware an: „Warme Eier, meine Herren!" Schmunzelnd wurde es zur Kenntnis genommen. Zahlreiche andere Markthändler versuchten ebenfalls frische Hühnereier zu verkaufen. Oft blieben sie in den Abendstunden auf einem großen Teil ihrer Ware sitzen. Betrübt zogen sie heimwärts, klagten über den schlechten Umsatz und hofften auf den nächsten Tag.

Solche trübsinnigen Gedanken waren der „Eierhanne" fremd. Diesen Spitznamen verdankte sie ihren allabendlichen Besuchen in den Schankwirtschaften rings um den Altmarkt. Oft wartete man schon auf sie. Nachdem man ihr ein Abendbrot spendiert hatte, erwartete man, dass sie wieder zur allgemeinen Unterhaltung ihr lustiges Liedchen vortragen würde. Manchmal half auch ein Trinkgeld nach. Auf alle Fälle war ein Auftritt zu erwarten, wenn sich die Gäste entschlossen, die übrig gebliebenen Eier zu kaufen.

Um die gekochten Eier warm zu halten, hockte sich die „Eierhanne" über ihren Korb.

Dann bedankte sie sich mit einem musikalischen Ständchen. Wurde sie mit Beifall oder einem „da capo" belohnt, bedankte sie sich mit einem zierlichen Knicks an jedem Tisch, was stets mit großem Gelächter oder aufmunterndem Beifall bedacht wurde. Allein diese ulkige Szene war es wert, eine Zugabe zu fordern. Von allen Seiten wurde gerufen: „Eierhanne, Eierhanne! Sing' noch ein's!" Das Lied und die anschließenden Verbeugungen begannen von neuem.

Wenn nun aber ein Gast in Bier- oder Weinlaune „beim Scherzen das Maß des Anstandes überschritt", legte sie eine staunenswerte Zungenfertigkeit an den Tag. Veralbern ließ sie sich nämlich nicht. Unanständiges ließ sich die „sittsame Jungfer" nicht nachsagen.

Im Jahre 1836 verstarb die stadtbekannte Eierhändlerin. Schmerzlich wurden ihre Anpreisungen auf dem Altmarkt und die Ständchen in den Gastwirtschaften vermisst. In der Erinnerung lebte sie aber weiter. So sangen Dresdner Kinder noch viele Jahrzehnte später ihr drolliges Liedchen, welches mit den Zeilen begann:

Hopp, hopp, Küchenbesen!
Wo bist du gewesen?
In der Küche hinterm Herd,
Wo der Besen ewig währt.
Hopp, hopp, Stadtsoldat!
Nimm's Gewehr und steh' gerad! …

„Der alte Helmert" – ein fliegender Buchhändler auf dem Altmarkt

In der ersten Hälfte des 19. Jahrhunderts glich der Dresdner Altmarkt einer dauerhaften „Budenstadt". Täglich wurden hier in zahlreichen primitiven Verkaufsständen die unterschiedlichsten Waren feilgeboten. Unter den zahlreichen Händlern erfreute sich ein „Bücherwurm" und Antiquar besonderer Beliebtheit. Schon von weitem hörte man den stereotypen Ruf von Johann Gottlob Helmert, „Kommet her, ihr Leutchen, sucht euch was raus! S'is mancherlei da." Er wurde der „Dresdner Diogenes" genannt, weil er in einer Holztonne neben seinem Verkaufsstand lebte. Sein „Geschäft" bestand gewöhnlich aus zwei alten Waschkübeln, die mit darauf liegenden langen Brettern verbunden waren. Auf diesem Ladentisch war „ein wunderliches Gemisch der besser gebundenen Bücher seines Lagers" zu bestaunen. Ein Zeitzeuge berichtete in seinen Aufzeichnungen von dieser Vielfalt:

„… Da waren einzelne Bände von Encyklopaedien, die kein Mensch mehr haben wollte, mit schönen Lederrücken und vergoldeten Ornamenten darauf, Predigtsammlungen, Andachtsbücher, die ihren bevorzugten Platz lediglich ihrem stattlichen Äußeren verdankten, Kochbücher, Baedeckers aus einer Zeit, zu der es eigentlich, wie man glaubte, noch keine gegeben hatte, alte Reisebeschreibungen mit illuminierten Kupfern und dergleichen mehr …"

Der „alte Helmert" glich in seinem äußeren Erscheinungsbild einem biederen Handwerker. Trotz seiner „wollenden gestrickten Arbeiterjacke und der vorgebundenen blauen Schürze" – welche er gelegentlich auch als Taschentuch benutzte – schätzte man aber seine große Bücherkenntnis. Insbesondere die Gymnasiasten der naheliegenden Kreuzschule, wenn sie sich mit den lateinischen und griechischen Klassikern zu beschäftigen hatten. Solche Buchausgaben konnte man beim Helmert relativ preiswert erwerben. Doch schon längst hatte sich herumgesprochen, dass er auch die in der Schule verbotenen deutschen Übersetzungen vorrätig hatte. „Klatschen" wurden sie damals genannt und die erstaunlich schnell erlernten

„tiefgründigen philologischen Kenntnisse" ihrer Schüler überraschte die Lehrer der Kreuzschule kaum noch. Schon längst war ihnen die Quelle dieses Wissens bekannt.

Unter der Dresdner Schuljugend hatte er sein treuestes Stammpublikum. So mancher Junge besserte seine Finanzen durch den Verkauf nicht mehr gebrauchter Lehrbücher auf. Andere erledigten für ihn Botendienste. Manchmal wurden sie dafür

Helmert wurde der „Dresdner Diogenes" genannt, weil er in einer Holztonne neben seinem Verkaufsstand lebte.

„königlich belohnt". So geschah es einmal, dass er seine besondere Zufriedenheit mit den Worten unterstrich: „Hier, mein Sohn, hast Du das halbe Königreich Polen!" Bei diesen Worten zerriss er eine alte Landkarte von Polen feierlich in zwei Teile. Eine Hälfte davon überreichte er dem Jungen.

Überhaupt zeichnete ihn die Ruhe eines Philosophen aus. So bemerkte er, dass ein Knabe ein Buch stehlen wollte. Still nahm er dem Ertappten die vermeintliche Beute wieder ab. „Junge, du willst wohl unter die Räuber gehen?" waren seine ruhigen, mahnenden Worte. Dabei beließ er es.

Weder sommerliche Hitze noch winterlicher Frost hinderten ihn, täglich seinen Marktstand aufzubauen. Sein „fliegendes Antiquariat" war bereits eine nicht mehr wegzudenkende Institution. Und „der alte Helmert" ein stadtbekanntes Original.

Der „Unvermeidliche" – Der lange Offizier R.

„… Originale wird es stets geben, nur daß das Originelle nicht mehr in einem buntscheckigen, wohl gar defekten Anzug zu suchen ist, überhaupt nicht in Äußerlichkeiten, sondern in der innersten Veranlagung…" Zu diesem Fazit kam vor über hundert Jahren Johannes Renatus, der in einer Charakterstudie das alltägliche Leben in Dresden zu Papier brachte. In diesem Gesamtbild durften auch nicht die Anekdoten über stadtbekannte „Typen" fehlen. Fleißig bediente er sich bereits der vorhandenen Berichte über „Alt=Dresdner Originale" aus der Biedermeierzeit. Aber er ging in seinen Recherchen noch einen Schritt weiter und schrieb gewissermaßen eine Fortsetzung der Geschichte dieser auffallenden Persönlichkeiten. So kam er auch dem „Unvermeidlichen" auf die Spur. Dieser diente als Offizier bei der sächsischen Armee.

In seinem Beruf galt er als außerordentlich exakt, pünktlich und zuverlässig. Anders sah es aber außerhalb der Dienstzeit aus. Aus

Angst etwas zu verpassen, nahm er die gesellschaftlichen Angebote besonders emsig wahr. So konnten zwei brave Bürger durchaus in Streit kommen, wo denn der durch seine Körpergröße auffallende lange Offizier R. des Abends gesichtet worden war. Der eine beharrte darauf, ihn im Königlichen Hoftheater gesehen zu haben. „Nein mein Herr! Er war im Belvedere-Konzert!" erwiderte sein Gesprächspartner. Ein dritter mischte sich in die Unterhaltung ein und rief „Sie irren!" Er war sich ganz sicher, R. im Jägerhof gesehen zu haben. Doch letztendlich stellte sich heraus, dass alle drei Recht hatten. Diese Unruhe brachte dem Offizier den Spitznamen ‚Der Unvermeidliche' ein.

Auch am sächsischen Hofe wurde er so genannt. Gern wurde die Geschichte erzählt, die sich ereignete, als der Preußenkönig Friedrich Wilhelm IV. in Dresden zu Besuch weilte. Ihm zu Ehren wurden zahlreiche Paraden abgehalten. „Wer ist denn der riesengroße Offizier dort?" fragte er den sächsischen König Johann. Schmunzelnd antwortete er – ohne den wahren Grund zu nennen – das ist der „Unvermeidliche". Bereits wenige Stunden später begriff er diesen ungewöhnlichen Spitznamen. In den Nachmittagsstunden besichtigte die allerhöchste Gesellschaft den Großen Garten. R. war auch dort. Bei der folgenden abendlichen großen Theatervorstellung überragte er sämtliche im Parterre sitzenden Zuschauer. Der Preußenkönig fand Spaß daran. Als am nächsten Tag ein Ausflug nach Schandau unternommen wurde, war der „Unvermeidliche" schon längst da. Und für die folgende Bäderreise nach Karlsbad hatte er sich bereits Urlaub genommen. Friedrich Wilhelm IV. war nicht mehr überrascht, unter den Kurgästen auch den auffallend langen Offizier aus Dresden zu erblicken. Als ein Jahr später der Preußenkönig verstarb, hätte der „Unvermeidliche" am liebsten vor der Himmelpforte auf ihn gewartet. Diese behaupteten zumindest einige spitze Zungen.

Die „Vogelmarliese" am Neumarkt

Vor zweihundert Jahren hatte auf dem Neumarkt einige Jahrzehnte lang eine Vogelhändlerin ihren Verkaufsstand. Den baute sie am liebsten vor einem damals noch existierenden Brunnen vor dem unweit entfernten „Hôtel de Saxe" auf. In ihrer schmalen Bretterbude bot sie allerhand Getier an. Vor allem Vögel. Zahllose Vogelbauer bedeckten die Innenwände. Darin unter anderem Finken, Amseln, Grasmücken, Zeisige, Stieglitze, Wachteln oder Zippen, wie die Singdrosseln früher genannt wurden. Diese hütete sie besonders sorgsam. Interessierte sich ein Kaufwilliger für sie und wollte sie genauer betrachten, öffnete sie den Vogelkäfig. Doch dabei folgte mit einer „überschnappender Stimme" die Warnung: „Lass er mir die Zippe nicht fort". Diese warnenden Rufe steigerten sich von Minute zu Minute und waren aufgrund der hohen Stimmlage der Marktfrau weithin zu hören.

Wilhelm von Kügelgen erinnert sich in seinen „Jugenderinnerungen eines alten Mannes" sehr genau an die „Vogelmarliese". So berichtet er unter anderem:

„… Die alte Marlies, die mit Meerschweinchen, Kaninchen und allerlei Vögeln auf dem Markt hökerte, lag in ewiger Fehde mit den Straßenhunden, die gern an ihren Vogelbauern die Beine hoben. Die Kinder wollten umsonst kaufen, nur um die Alte zetern zu hören, und die bekamen dafür so manchen Hieb mit der Angelrute ab …"

Tatsächlich machten sich die Kinder über die Stimme der „Vogelmarliese" lustig. Dann äfften sie ihren besorgten Ruf in allen Stimmlagen nach. Doch es gab auch Zeiten, wo sie sich anständig verhielten. Dann konnte diese ruhig hinter ihrem Verkaufsstand sitzen und fand in den Kindern ihr Publikum. Mit einfachen Worten erklärte sie, wie die bekanntesten Vogelarten sich unterscheiden. Irgendwann erweiterte sie ihr Angebot auch mit Laubfröschen und versuchte der wissbegierigen Kundschaft zu erläutern, wie sich jene als Wetterbarometer eignen. Umso schmerzlicher wurde dann die

Die Vogelmarliese betrieb in einer Bretterbude am Neumarkt einen Vogelhandel.

Nachricht aufgenommen, dass die betagte Frau im Februar 1832 gestorben war.

Unbekannt ist, wo sie begraben wurde und wer ihrem Sarg folgte. Vermisst wurde sie nicht nur von den Kindern auf dem Neumarkt. Ein lithografisches Flugblatt erinnert an das Begräbnis der „Vogelmarliese am 25. Februar 1832". Es ist zwar zu bezweifeln, dass die durch ihre Marotten bekannten zeitgenössischen Altdresdner Originale die Sargträger waren. Doch durch das Plakat wurde erreicht, dass diese seltsamen Personen mit ihren Eigenheiten über Generationen nicht in Vergessenheit gerieten. Wilhelm von Kügelgen hatte den Anfang gemacht, ein Bürgerkalender in den 1870er-Jahren folgte dem Beispiel und in längeren Zeitabständen wurde immer wieder in Zeitungsberichten an diese Originale gedacht, die in ihrer Zeit jeder kannte. Mit etwas Aufmerksamkeit sind ihre Nachfolger auch im heutigen Dresden zu finden.

Studentenleben bei „Mutter Vogel" im Gasthaus Gostritz

Ach wie schön war die Studentenzeit! Gern erinnerte man sich in den Goldenen Zwanziger Jahren und der folgenden Weltwirtschaftskrise daran. Dem hektischen Großstadtleben entflohen die

Studierenden an den Wochenenden in Dorfgasthöfe der Umgebung. Ein beliebtes Ausflugsziel war das „Gasthaus Gostritz". Dipl.-Ing. Hans Petzold würdigte 1932 in einem Zeitungsbericht die Bewirtung durch eine der beliebtesten Dresdner „Studentenmütter".

Zwei jungen Malerjünglingen, „welche mit ihren Skizzenbuch von Goppeln her die Dörfer südlich von Dresden nach passenden Motiven durchstöberten", wurden im Jahre 1891 auf dieses Wirtshaus aufmerksam. Sie waren erstaunt über die gemütliche Atmosphäre in der „kleinen niedrigen Gaststube". Erfreut waren sie, dass hier „einfaches Bier" ausgeschenkt wurde, was sich vom Preis her auch ein mittelloser Student leisten konnte. Und die später als „Mutter Vogel" bekannte Wirtin war noch „eine richtige handfeste Bauersfrau" in den Dreißigern, eine begehrenswerte junge Frau. Ihre Gäste nannten sie Marie und sie hatte zwei neue Stammgäste gewonnen.

Die jungen Männer erzählten ihren Kommilitonen natürlich von dieser wunderbaren Entdeckung. Sie wollten ihren Freunden ein Fest im Gasthaus Gostritz geben. Das karge Stipendium ließ derartige Ausgaben eigentlich gar nicht zu. Marie half. „Suppe, Schweinsknochen mit Klößen und Kompott" wurde pro Gedeck für nur 50 Pfennig angeboten. So feierte hier die Dresdner Studentenjugend ihr erstes Fest, welches Spaß und Lustigkeit in die kleine Wirtsstube brachte. Marie strahlte vor Glück und wurde von der dankbaren Jugend liebevoll „Mutter Vogel" genannt.

Studenten gaben der wegen ihrer volkstümlichen Art beliebten Wirtin den Kosenamen „Mutter Vogel".

Die Kunde von der freundlichen Wirtin hatte sich nicht nur in der Kunstakademie, sondern auch in der Technischen

Hochschule und der Tierarzneischule herumgesprochen. Einer sagte es dem anderen. So war es nur eine Frage der Zeit, bis es an den schwarzen Brettern der einzelnen Studentenverbindungen angekündigt wurde: „Heute – Exbummel zu Mutter Vogel". Schon längst hatte die kluge Wirtin ihr Bierangebot erweitert. „Zum ‚Einfachen' gesellte sich das ‚Lager' und das ‚Kulm' ". Und so zogen die jungen „Studios zu jeder Tages- und Nachtstunde" zu „Mutter Vogels Gaststube". Gläserklänge und Gesang war die Geräuschkulisse in der kleinen Gaststube. Manchmal sang sie mit ihrem „goldhellen Stimmchen" auch mit, und noch größer war die Freude, wenn sie auch die richtige Melodie hielt.

Besonders stolz war „Mutter Vogel" auf ihre Gaststubendecke. Ein junger Gast hatte irgendwann den Anfang gemacht, als er hier „den Zirkel seiner Korporation" aufmalte. Andere junge Besucher folgten diesem Beispiel. Neben den Dresdnern hatten sich hier auch Studentenvereinigungen aus Tharandt, Freiberg, Leipzig und München verewigt. Die geheimnisvollen Zeichen, welche in ihrer Gesamtheit ein eindrucksvolles Bild abgaben, konnte nur die Wirtin erklären.

Doch noch andere kleine Kunstwerke waren hier zu entdecken. Besonders angetan war der damalige Besucher von der Wandmale-

Künstler und Studenten gestalteten die Gaststube mit mitgebrachten Geschenken, Postkarten und Inschriften aus.

rei im hinteren Teil der Gaststube. Dort war über dem Klavier ein ganzer Fackelzug dargestellt, wie er vor dem Ersten Weltkrieg „jährlich beim Rektoratswechsel" üblich war. Ein Kunststudent mit seinem Malkasten hatte sich hier verewigt. Noch nach zwanzig Jahren lösten sie beim Betrachter Erinnerungen aus:

„… In den Gesichtern der verschiedenen Korporationen erkannte man die einzelnen „Typen" wieder, die seinerzeit, wo das Studieren noch Spaß machte, das Studentenleben befruchteten. Damals hatte man noch Zeit – mancher sogar viel Zeit. Mancher studierte viele, viele Semester nur für seine Verbindung. Und diese alten und uralten Semester kannte man dann. – Jeder kannte sie. – Sie gehörten einfach zum Straßenbild einer jeden Studentenstadt. Bei allen festlichen Aufzügen der Studentenschaft fand man sie an der Spitze …"

Über dem alten großen Ledersofa dokumentierten die vielen eingerahmten Bilder zahlreiche Generationen Dresdner Studenten, die bei „Mutter Vogel" eingekehrt waren. Manchmal war auch sie zwischen der übermütigen und ausgelassenen Jugend zu entdecken.

Die mittlerweile in die Jahre gekommene „Mutter Vogel" konnte sich weiterhin über ihre zahlreiche Stammkundschaft erfreuen. Wahres Studentenleben gab es nur bei ihr. Und wenn nicht gerade Semesterferien waren, waren an warmen Sommerabenden der Gästegarten und die kleine Wirtsstube gut gefüllt. Weit ab vom hektischen Großstadtleben fand man hier noch die typische Geselligkeit der Vorkriegszeit. So heißt es in der Betrachtung aus dem Jahre 1932:

„… Hier sitzt hinter verschwiegener Hecke auf versteckten Plätzchen der junge Bursch und küßt sein Studentenliebchen, das ja ob seines Leichtsinns einen Ehrenplatz in der Chronik des Studentenlebens hat. Und aus der Gaststube schallen die guten alten Studentenlieder entgegen. Die Studenten sind da, die Studenten sind da! Sie singen und sie halten Reden. Hör mal hin. Soeben ist ‚der Graf von Rüdersheim' vorübergeschaut, da meldet sich ein altes Semester zum Wort, und mit erhobener Stimme ruft er seinen jungen Kommilitonen zu:

‚Die jubelnd nie den überschäumten Becher
Gehoben in der heil'gen Mitternacht,
Und denen nie ein dunkles Mädchenauge
Zur Sünde lockend sprühend zugelacht,
Die nie den ernsten Tand der Welt vergaßen
Und nie dem Strudel freudig sich vertraut –
O, sie sind klug, sie bringen's weit im Leben –
Ich kann nicht sagen, wie mir davor graut!
Auf euer Wohl, ihr Jungen! Kopf hoch wenn's uns auch heute
dreckig geht! Und verliert nicht Euren Humor und Eure Lustigkeit!
Es kommen wieder bessere Zeiten, Ihr werdet's schon schaffen!"

Tobender Beifall! – ‚Prosit alter Herr!' – ‚Es lebe die Liebe und Mutter Vogels Gerstensaft!' – ‚Prosit Mutter Vogel! – Dir sieht man die
Siebzig weiß Gott nicht an! Seitdem du in Oberschlema warst, bist
du direkt wieder ein junges Mädchen geworden!' – Und Mutter
Vogel sitzt mitten unter ihren Studenten in ihrer wollenen Bluse,
ihrer blauen Schürze und in warmen Pantoffeln. ‚Mit mir könnt
ihr's ja machen!' meint sie. ‚Na Prosit, Mutter Vogel, du bist ja doch
die Beste! Weißt du noch, wie du mir früher manchmal den Kopf
gewaschen hast? Du kanntest sie alle, deine Studenten. Dir vertrau-
ten sie ihr Leid an! Du wurdest um Rat gefragt, wenn das Herz weh
tat! Du fragtest nicht nach Geld und Gut, wenn unsere Taschen leer
waren. – Kommilitonen! Von der Wiege bis zur Bahre sind die
schönsten Lebensjahre! Wir leeren unsere Gläser auf das Wohl
unserer lieben Mutter Vogel, unserer guten alten Studentenmutter.
Möge sie hundert Jahre alt werden und möge sie noch so manches
Füchslein in ihre Ofenecke holen, um ihm den Kopf zu waschen!' …"

Mutter Vogel war von den Lobeshymnen peinlich berührt. Erst als
alle weg waren, warf sie noch einmal einen Blick in das ausgelegte
Gästebuch. Was wurde denn heute hineingeschrieben? Und dann
las sie folgenden Reim:

„… Wer nicht liebt Wein, Weib und Gesang,
behält sein Geld und wird nicht krank!" –
Ein denkwürdiger und verbotener Tag!

„Rehahn"

Zu den Originalen der Dresdner Biedermeierzeit zählt zweifellos der Straßen- und Wanderhändler „Rehahn". Bekannt wurde er hauptsächlich durch seine regelmäßige Teilnahme an der Vogelwiese. Hier zeigte er sein unnachahmliches Verkaufsgeschick. Reißenden Absatz fanden die „auf humoristische Weise eigens für das Volksfest entworfenen und in Friedrichstadt gedruckten Bilderbogen". Auf diesen war sein gesamter Lebenslauf von Geburt bis zum selbst vorhergesagten Todestag dargestellt. Holprige Knittelverse

Ein „Bettler- und Hausierergenie" wurde Rehahn in einem zeitgenössischen Zeitungsbericht genannt.

erklärten die einzelnen Illustrationen. Dass nicht alles auf Tatsachen beruhen konnte, nahm man mit Augenzwinkern hin.

Über die ersten dreißig Jahre seines Lebens weiß man nur sehr wenig. Bekannt ist, dass Johann Karl Gottfried Rehahn am 15. April 1793 in Jessen bei Wittenberg geboren wurde. Wenige Jahre später siedelte die Familie in die damalige Vorstadtgemeinde Friedrichstadt bei Dresden um. Die Napoleonischen Kriege und die französische Besatzungszeit bestimmten seine Kindheitsjahre. Ärmliche Verhältnisse herrschten in seinem Elternhaus. Schon in frühen Jahren musste er zum Unterhalt der Familie beitragen. In jener Zeit begann seine Karriere als „fliegender Straßenhändler". So betätigte er sich etwa als Lumpensammler, handelte mit billigen Finger- und Ohrringen und verkaufte in späteren Jahren auch lederne Brieftaschen.

Seine Geschäftstüchtigkeit bewies er sogar auf seiner eigenen Hochzeit. Im Sommer 1823 heiratete er Johanna Justine Lauterbach in der Loschwitzer Dorfkirche. Überliefert ist, dass sich Tausende Schaulustige einfanden. Der ortsansässige Pfarrer war um die ordnungsgemäße Durchführung der heiligen Handlung besorgt. Er fragte bei den Dresdner Ratsherren an, ob es möglich wäre, eine Abteilung Soldaten zum Schutz aufziehen zu lassen. Und gern wird noch in späteren Jahrzehnten die Geschichte erzählt, dass der Bräutigam „Rehahn" in den kommenden Tagen für einen Blick auf seine junge Frau „einen Dreier" kassierte.

Ständige Wanderungen bestimmten seine nächsten Lebensjahrzehnte. Auch auf den Jahrmärkten der benachbarten Städte der Provinz war er ein sehr gesehener Gast. Neckereien und Hänseleien wegen seiner ungewöhnlichen Kleidung brachten ihn nicht aus der Ruhe. Warum auch? Zum richtigen Zeitpunkt ließ sich auch die übermütige Jugend beruhigen. Wie? Er warf mit geübter Hand Kirschen in die Luft, um sie wieder mit offenem Mund aufzufangen. Großer Jubel, wenn es gelang.

„Rehahn" kannte sich auch mit Reparaturen von billigen Uhren aus. Schließlich gehörten auch diese zu seinem Verkaufssortiment. Mit dem Spruch: „Guckt eich meine Seeger richt'sch an, dann wißt'r, was de Uhr geschlagen hat!" warb er für potenzielle Käufer.

Unermüdlich wird er auch in seinen letzten Lebensjahren neue Geschäftsfelder erschließen. Dazu gehörten unter anderem das „Kartenlegen", „Handlesen" und die „Sterndeuterei". Das Wahrsagen hatte in der Mitte des 19. Jahrhunderts Hochkonjunktur und für den in die Jahre gekommenen „Rehahn" bot sich eine neue Verdienstmöglichkeit.

Der Dresdner Friedrichstadt blieb „Rehahn" sein Leben lang treu. In einem Haus an der Schäferstraße verstarb er am 12. August 1865. Seine letzte Ruhestätte fand er im naheliegenden Kirchhof. Dem Sarg des bescheidenen Mannes folgten zahlreiche Dresdner. Einige Trauergäste bemerkten aber auch, dass sich „Rehahn" bei seinem vorausberechnetem Lebensende um einige Jahre vertan hatte. Doch sie nahmen es mit Humor. Vielleicht gedachten sie dieser stadtbekannten Persönlichkeit noch einmal im Jahre 1875, seinem prophezeiten Todesjahr.

Der „Studentenkaiser"

Dresden, Anfang der 1930er-Jahre. Eines der letzten stadtbekannten Originale fand durch einen Unglücksfall ein jähes Ende. Örtliche Tageszeitungen ließen es sich nicht nehmen, in Nachrufen dem „volkstümlichen Einzelgänger" zu gedenken. Der als „Studentenkaiser" bekannte Mann starb „auf klägliche Weise in einer Aschegrube". Was er dort gesucht hatte, konnte nie geklärt werden. Und so blieben lediglich die Erinnerungen an jenen seltsamen Zeitgenossen.

Von dem Wenigen was man von ihm wusste war sein Nachname Kaiser. Zu seinem volkstümlichen Spitznamen verhalfen ihm die Studenten nach der Jahrhundertwende, die ihn oft und gerne „verkleideten". In diesem Aufzug erledigte er dann kleine Botengänge, die zu seinen zahlreichen Gelegenheitstätigkeiten gehörten. Die zunächst als Ulk gedachte Ausstaffierung des mit „unbeschwerter Harmlosigkeit" agierenden Mannes erregte Aufmerksamkeit bei seinen Wegen durch Dresdens Innenstadt. Doch die Empörung legte sich schnell, war doch der gutgläubige „Studentenkaiser" für jeden Spaß zu haben. Gleichzeitig war es unvorstellbar, dass er je anderen Menschen Schaden zufügen konnte.

Nur einmal musste er eine Nacht auf der Dresdner Polizeiwache verbringen. Das Malheur geschah in seiner Jugendzeit – Mitte der 1890er-Jahre. Damals bot die Witwe Baldauf auf der Zeughausstraße – vor der Schmalseite des Kurländer Palais – in einer Bretterbude Töpferwaren an. Zu den häufigsten Besuchern gehörte auch der junge „Studentenkaiser". Als der große Umzug des Geschäftes in die Ziegelstraße bevorstand, wollte er den Glaskasten erwerben, der seit langen Jahren vor dem Laden angebracht war. Sein Wunsch wurde ihm durch die betagte Besitzerin gewährt. So kam er eines Nachts vorbei, hakte den Kasten aus und schob ihn unter den Arm. Wenige Augenblicke später wurde er von einem aufmerksamen Polizisten verhaftet. Alle seine Unschuldsbeteuerungen halfen ihm nichts. Erst am nächsten Morgen wurde er nach der Vernehmung der „Schenkgeberin" aus der Haft entlassen.

Studenten machten sich einen Spaß daraus, Herrn Kaiser als wandelnde Litfaßsäule auszustaffieren.

Nach dem Ersten Weltkrieg ließ er sich weiterhin allerlei Verkleidungen Dresdner Studenten gefallen. So wanderte er zum Beispiel in der Uniform eines Soldaten der Kaiserzeit durch die belebten Straßen der Innenstadt. Als geschultertes Gewehr diente ihm ein Spaten. Ein Brotbeutel komplettierte seine Ausstattung. Besonderen Gefallen fand man in seinen letzten Lebensjahren, wenn er seine große Ballonmütze trug. An der Vorderseite war ein Zettel angebracht. Als wandernde Litfaßsäule verbreitete er bis zu seinem frühen Tod die neuesten ulkig verfassten Nachrichten der Dresdner Studenten.